物业精细化管理精讲堂

物业管理方案设计与编写十堂课

张 岩 李 丹 编著

机械工业出版社

本书以物业管理的实际项目为背景，结合作者本人的物业管理从业经验与经历，较全面地介绍了物业管理方案的设计与编写。本书为物业管理方案的编写者与设计者提供了一个系统性的规划思路，同时也为各类物业的持有者、所有人以及服务供应商提供一种管理思路。除了主体内容，在各部分篇首还分别概括了各部分内容的编写要点，后附具体编写范例，以便于读者在今后自行设计方案时依据此书的设计模型调整思路，增强方案的实用性与可操作性。本书也可作为高等教育物业管理专业的教学资料，供学生们学习和参考。

图书在版编目（CIP）数据

物业管理方案设计与编写十堂课/张岩，李丹编著.—北京：机械工业出版社，2017.1（2025.4重印）

（物业精细化管理精讲堂）

ISBN 978-7-111-55000-6

Ⅰ.①物⋯　Ⅱ.①张⋯②李⋯　Ⅲ.①物业管理　Ⅳ.①F293.347

中国版本图书馆CIP数据核字（2016）第238202号

机械工业出版社（北京市百万庄大街22号　邮政编码100037）
策划编辑：时　颂　　　责任编辑：时　颂　林　静
责任校对：佟瑞鑫　张　薇　封面设计：张　静
责任印制：单爱军
北京虎彩文化传播有限公司印刷
2025年4月第1版第4次印刷
169mm×239mm·9.25印张·145千字
标准书号：ISBN 978-7-111-55000-6
定价：29.00元

凡购本书，如有缺页、倒页、脱页，由本社发行部调换

电话服务	网络服务
服务咨询热线：010-88361066	机 工 官 网：www.cmpbook.com
读者购书热线：010-68326294	机 工 官 博：weibo.com/cmp1952
010-88379203	金　书　网：www.golden-book.com
封面无防伪标均为盗版	教育服务网：www.cmpedu.com

前　　言

设计与编写物业管理方案，主要有以下两个方面的现实作用：

一、法律法规要求

国家发展和改革委员会会同国家建设部 2003 年下发了《物业服务收费管理办法》，据此，中国物业管理协会 2004 年制定了相应的配套管理标准制度——《普通住宅小区物业管理服务等级标准》。

在《普通住宅小区物业管理服务等级标准》一、二、三级服务标准中基本要求的第四条明确规定：物业服务管理活动中需要有完善的物业管理方案。

由此可知，设计与编写物业管理方案的必要性。

二、指导工作实践

质量管理体系是物业服务企业的生命线，是为保证物业服务企业生产的服务产品以及服务提供过程的质量满足市场要求，由专门的组织机构、明确的岗位职责、准确的程序方案以及各种资源所构成的有机整体。

一个物业服务企业为了实施质量管理，生产出满足市场服务要求的产品和提供满意的服务，实现企业的质量目标，必须通过建立和健全完善的质量管理体系来实现。

质量管理体系是一个相互影响、彼此制约、相互作用的系统，要求具有很强的操作性、检查性和可验证性。因此，一个物业服务企业所建立的质量管理体系文件构成，分为三个层次，即质量手册、质量体系程序和其他质量文件。其中，其他质量文件包括作业指导书、报告、表格等，是供服务产品生产者使用的、具体、详细的有可操作性的作业文件。

对于物业服务企业来说，在建立完善和健全的质量管理体系的基础上，还必须设计和规划具有统一指导标准以及具体项目落地化、具体操作化等多层次的质量文件。而这种具有较强可操作性的作业指导性资料——物业管理方案，有时能够发挥比质量管理体系文件更重要的实际指导意义。

编者

目　　录

前　言

第一课

物业项目概况及服务管理思路的设计与编写 / 1

　　第一讲　项目概况的设计与编写 / 1

　　第二讲　服务管理思路的设计与编写 / 4

第二课

物业项目具体服务管理规划的设计与编写 / 7

　　参考资料1：【云鼎壹号】二期物业项目节能降耗管理方案 / 37

第三课

服务管理的原则、目标及具体工作计划的设计与编写 / 42

　　第一讲　服务管理原则的设计与编写 / 42

　　第二讲　服务管理目标的设计与编写 / 43

　　第三讲　工作计划的设计与编写 / 45

第四课

物业服务标准的设计与编写 / 49

第五课

组织机构设置的设计与编写 / 51

目录

  第一讲 组织机构设置原则的设计与编写 / 51

  第二讲 组织机构设置及编制计划的设计与编写 / 53

第六课

物业服务管理体系文件的设计与编写 / 58

第七课

物业项目服务管理基础条件、装备及设备设施计划的设计与编写 / 61

  第一讲 基础条件计划的设计与编写 / 61

  第二讲 装备及设备设施计划的设计与编写 / 62

第八课

财务管理及经费收支测算的设计与编写 / 69

  第一讲 财务管理基本原则的设计与编写 / 69

  第二讲 经费收支测算的设计与编写 / 71

第九课

物业管理前期介入与承接查验工作计划的设计与编写 / 80

  第一讲 物业管理前期介入工作计划的设计与编写 / 80

  第二讲 物业承接查验工作计划的设计与编写 / 83

第十课

服务品质提升方案的设计与编写 / 94

  参考资料2：园区美化工作指引 / 97

  参考资料3："安全生产月"活动方案 / 102

附录 / 106

  附录1 业主满意度调查表主体问卷模板 / 106

附录2　【云鼎壹号】二期物业项目周边商务信息一览表 / 110

附录3　物业服务沟通协调机制运行表 / 113

附录4　客户沟通记录表 / 113

附录5　【云鼎壹号】二期周边同类项目物业服务费收费标准调研报告 / 114

附录6　八类业态物业服务管理规划 / 115

第一课 物业项目概况及服务管理思路的设计与编写

第一讲 项目概况的设计与编写

一、物业项目概况的主要内容

物业项目概况的内容主要包括以下几个方面：
1）物业项目所处的地理位置。
2）物业项目开发商、建筑商的基本信息。
3）物业项目的总占地面积、总建筑面积、外围绿化面积、总楼幢数等基础数据资料。
4）物业项目园林景观、配套设施等方面的基本情况。
5）物业项目的内外部停车位数量，主要通道及出入口等基本情况。
6）物业项目的竣工验收时间与交付使用时间等。

二、物业项目概况设计与编写的主要要求

通过对物业项目概况主要内容的收集与整理，对即将接管、服务的物业项目基本情况进行科学的分析。在此基础上，对物业项目做基本定位规划，根据服务需求、现实条件与基本特点，设计基本服务目标，预测目标实现的现实可行性。

同时，物业项目概况信息的收集与整理，也为物业服务企业下一阶段的人员、设备、资金等服务资源的配置预测，准备基础数据资料。

三、设计与编写范例

【云鼎壹号】二期物业项目概况

【云鼎壹号】物业项目位于新疆维吾尔自治区乌鲁木齐市米东区米东南路950号,由ZH地产开发,中建新疆建工集团承建。

项目总建设用地面积32.35万m^2,总建筑面积76万m^2,计容面积62.11万m^2。内部总计14块建筑用地被分割为南北两区,如图1-1所示,综合绿化率达到35%。规划约4.5万m^2社区商业配套用于满足业主日常生活需求,6000m^2南北双幼儿园,项目内市84中(含小学部、初中部),一站式教育配套,3块绿化用地统一规划,约4.7万m^2集中绿地公园,尽享富氧生态生活。

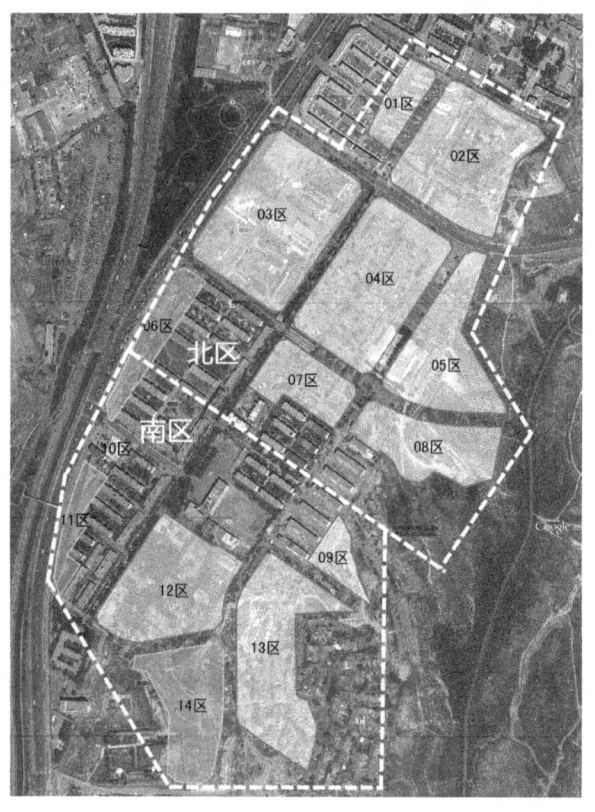

图1-1 【云鼎壹号】项目总规划图

第一课 物业项目概况及服务管理思路的设计与编写

其中，二期地上建筑部分，总建筑面积140883.50m²，住宅（含阳台）建筑面积108800.92m²，商业建筑面积2354m²，其他为物业管理、社区办公、社区卫生站、文化活动站、公厕等附属建筑。地下建筑部分，地下车库建筑面积32082.58m²，其他为消防水池及水泵房、配电室等附属建筑。

【云鼎壹号】二期物业项目楼宇共计11幢，楼宇分布如图1-2所示。其中住宅11幢，4幢地上28层高层住宅，3幢地上18层高层住宅，4幢地上11层小高层住宅，住宅总套数1100套。机动车总停车位596个，全部为地下车库车位。项目实行全封闭式管理，规划主出入通道口4个，日常物业管理过程中保留2个，其余2个将作为消防应急通道。

图1-2 【云鼎壹号】二期鸟瞰图

项目计划于2017年6月30日竣工验收，2017年9月30日正式交付使用。

在进行充分市场调研与项目现场踏勘的基础上经过综合分析，【云鼎壹号】二期物业项目地理位置优越、自然环境优美、建筑品位独特、基础设施良好、使用功能齐全、服务需求高端。该物业项目基础条件较好，服务标准较高，具有提供较高品质物业服务的实际可操作性，通过专业化、高品质的物业服务，可实现该物业项目的各项预期服务目标。

第二讲　服务管理思路的设计与编写

一、物业项目服务管理总体思路的主要内容

通过对特定项目物业服务的突出特点分析，对服务整体规划进行准确定位，并设计服务管理的总体思路。

二、物业项目服务管理总体思路设计与编写的主要要求

这部分内容在整个方案的设计规划中起到总领全局的作用，是综合表现物业项目整体服务基本定位与服务总体设计的重要内容之一。这一部分内容要求编写者结合项目的特点与条件，设计与规划服务管理总体定位。

在分析透彻、思路清晰、结合实际、定位准确的前提下，通过对物业项目的物业服务突出特点需求进行分析，对服务整体规划进行准确定位，并设计服务管理的总体思路。

三、设计与编写范例

【云鼎壹号】物业项目服务管理总体思路

1. 服务理念

"精诚服务、精彩生活""物有所依、业有所托"，这是 ZH 物业对 ZH 业主的庄重承诺，也是【云鼎壹号】二期物业服务管理的基本理念。

2. 质量方针

ZH 物业的服务质量管理方针是：守法诚信、关爱身心；绿色环保、安全温馨；追求卓越、持续创新。

"守法诚信"。严格遵守和执行国家法律、法规、政策与制度，诚以待人，注重信誉，为业主提供优质服务，确保业主满意。

"关爱身心"。视员工为公司之本，视业主为关注焦点，关注员工和业主的身心健康与安全，激励和发挥员工的创造性和积极性，满足业主的需求和期望。

"绿色环保"。绿化、美化、净化，预防污染，节能降耗，不断地向业主和员工进行环保宣传教育，为业主创造一个清新、优美、洁净的生活和工作环境。

"安全温馨"。实行全员、全过程、全方位的安全管理,以人的安全行为以及物的安全状态为基础,确保业主的舒适和方便,使员工有归属感,使业主有温馨感。

"追求卓越"。追求完美的管理精神和管理文化,在改进中发展,在发展中改进,不断实现 PDCA 的良性循环。

"持续创新"。不断提高管理水平,以精品服务回报业主、回报社会,以管理创新、服务创新来实现持续创新。

3. 利润原则

普通居住型物业的服务费用标准普遍低于其他业态,因此,物业服务管理总体思路中,有效控制成本是重要因素之一。

有效控制成本与保持服务品质看似是一对无法调和的矛盾——双刃剑,要实现这矛盾双方的共赢,关键在于要找到损与利的平衡点。

凸显服务特质,体现细节差异,要从低成本投入,甚至无成本投入来进行具体规划设计。通过软性服务的品质来实现企业的价值目标,这是物业服务行业的内功,也是物业服务管理项目方案设计规划中需要考量的侧重点之一。通过有效控制并降低运营成本,实现阳光下的利润,是一个健康的物业服务企业发展的必经之路。

4. 品牌目标

普通居住型物业项目,由于其与广大普通居民的日常生活紧密联系,甚至可以说与所有生活百态水乳交融、休戚相关,因此,也具有其他物业服务业态无可比拟的特殊市场口碑传播效应。但应注意,这种传播方式对项目毁损或褒誉的影响与作用都是巨大的。

要保持这类常规业态在物业服务市场中强劲的生命力,物业服务企业必须充分运用这种得天独厚的资源条件,作为企业品牌效应建立最有力的市场武器。

【云鼎壹号】物业项目将把促进企业品牌在新疆地区的落地与成长作为重要的经营管理目标之一。

5. 服务定位

目前规划已确定的二期,以"现代简约的田园之城"为设计理念指导,通过不同组团的景观设计,多场景地创造现代手法的居住化体验,建立一个具有强烈识别性,多功能的居住空间。整体设计以尊贵感、仪式感、静谧感、韵律感为原则。创造出多重体验相结合的居住感受。

项目的业主定位为：中高端改善型客群为主，片区身份感强，在关注社区整体品质的同时，对红光山稀缺区位和环境资源拥有强烈的占有欲。项目的硬件配置为物业管理服务定位指明了方向。

该项目物业管理服务必须与项目硬件配置相匹配；必须与业主高档生活（包括精神与物质方面）的需求相适应。满足开发建设单位的设计规划需要，满足业主高档精神生活、物质生活的需求。

根据【云鼎壹号】二期物业项目的现实服务需求与项目的客观具体状况，该物业项目的服务目标定位为：重点突出"尊贵、安全、格调"。打造红光山首席景观人文居住区，创建国内一流住宅类物业服务管理项目。

第二课　物业项目具体服务管理规划的设计与编写

一、物业项目具体服务管理规划的主要内容

物业项目的具体服务管理规划，就是通过对物业项目的整体服务管理定位，规划与设计具体的服务管理模式。

二、物业项目具体服务管理规划设计与编写的主要要求

结合实际、针对性强、规划专业、措施具体、方法明确、特色突出。
1) 结合"实际"，以项目的实际状况为基本依据，避免闭门造车。
2) "针对"性强，针对项目特定的业态、定位、特点、需求进行设计规划。
3) 规划"专业"，运用专业的技术手段设计规划专业的服务管理方案。
4) 措施"具体"，设计规划具体的、落地化的服务管理措施。
5) 方法"明确"，实施的方法要求明确，避免华而不实与纸上谈兵。
6) "特色"突出，有特色才有生命力，凸显特色是设计规划的重要目标。

三、设计与编写范例

【云鼎壹号】二期物业项目具体服务管理规划

【云鼎壹号】二期物业项目的服务管理规划，就是在物业项目服务管理总体思路的基础上，具体设计的服务管理思路。

主要包括以下12项具体内容。

（一）客户导向服务模式

以确立"客户为中心"作为物业服务管理的基本出发点。

1. 以满足"客户诉求"为优质物业服务产品的设计基础

国内许多优秀的企业对于"应对客户诉求"已经给予了我们完美的诠释。

现已成为世界级的 IT 企业——华为曾提出过：服务对象向我们提出服务需求，是我们最大的荣幸。

以投诉为例。投诉对于任何一个物业服务企业而言，无论建立起怎样先进、完备的服务质量管理体系，服务对象对于服务质量的投诉都是难以完全避免的。因为投诉永远是伴随物业服务企业的客观存在。

而投诉对于物业服务企业来说，同时具有两方面影响。

1）消极影响——投诉是服务对象对服务产品质量所传递的一种危险信号。这个信号可以清晰地告诉提供服务的企业，对投诉如果处理失当，将失去服务对象的信任与忠诚，最终失去顾客。

2）积极影响——从另一个角度而言，投诉其实是服务对象对服务体系给予的一种最直接的外部检验，客户投诉可以发挥企业质量管理体系中任何一种内部检验手段都无法达到的实际效能。

对投诉的处理，简而言之就是一句话，"把坏事变好事"，正确处理投诉可以提高服务品质，增强企业的市场核心竞争力。

【云鼎壹号】物业项目中对于任何服务对象的投诉，物业服务管理方都将坚持一个基本准则：客户永远是对的。把"对"永远留给对方，把"错"永远留给自己。这一点，在任何情况下，都不容动摇。

不仅要确立正确的投诉观，而且要最大限度地发挥投诉对于物业服务品质、服务管理体系的促进效能。

2. 以提高"业主满意度"为物业服务工作流程的管理依据

业主满意度调查是物业服务企业客情监测体系中的一种常规手段，调查工作的具体实施流程如图 2-1 所示。《业主满意度调查表主体问卷模板》见附录 1。

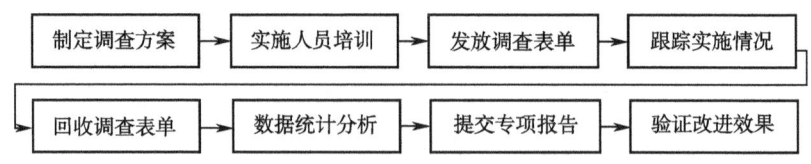

图 2-1 业主满意度调查工作的具体实施流程

在【云鼎壹号】物业项目实施此项工作时，要把握以下 7 个关键点：

（1）实施的频率

【云鼎壹号】物业项目业主满意度调查工作的实施频率，设定为通常一年二

第二课 物业项目具体服务管理规划的设计与编写

次，分上、下半年分别实施。以公司品质管理部为主导，通过电话征询为主，其他方式为辅的模式，实现服务对象征询全覆盖。如果发生服务品质波动较大的状况，根据具体情况适度增加，但实施的频率不会过高，避免引起被调查业主的反感。同时，原则上不做频率降低的调整。

（2）实施的具体时间

根据【云鼎壹号】物业项目的物业业态、业主的差异性，常规性业主满意度调查工作的具体日期选择每年6月中旬与12月中旬实施；具体进行的时间设定的原则是避免打扰业主的正常工作与生活秩序。

（3）调查人员的专业培训

业主满意度调查是一项专业的工作，实施调查的工作人员必须经过专业的培训，达到此项工作的具体要求后才能实施。培训与考核通常选择在实施调查工作前的一个月左右进行。

（4）调查方式的具体选择

注意选择业主容易接受的调查形式，以电话调查为主，同时采取调查问卷、登门拜访、电子信息等各种调查方式交替使用的方式。

（5）调查内容的综合设计

根据【云鼎壹号】物业项目各阶段服务工作的重点，以及业主普遍关注的方向，调查工作的目标等设计调查的内容，避免千篇一律走形式。

（6）调查结果的统计及实际运用

调查结果的统计要客观、真实、有效，并根据调查结果调整下阶段具体工作计划与方向。同时，将业主满意度调查结果与项目及各专业职能的服务品质考核有效连接，以此来促进各项服务工作质量的持续提升。

（7）多种调查模式的有效导入

【云鼎壹号】物业项目中的业主满意度调查工作，将融入不定期的"第三方调查"模式。

"第三方调查"是指调查的主体由物业服务供求双方之外的第三方来实施，并对服务质量进行客观公正的评价，从而促进服务水平不断提升的一种服务质量调查模式。"第三方调查"模式是物业服务企业实施业主满意度调查的一种客观、科学、有效的新模式。"第三方调查"模式是物业服务监测体系中一种有效的手段，它具有三方面优势。

首先是客观性，能够规避自我评价模式的局限性，最大程度减少服务质量评价体系中人为因素的干扰。

其次是专业性，引入外部监控元素，使整个体系的专业性处于不断上升的态势。

最后是经济性，这对于专业的物业公司也是一个必须要考虑的因素。

3. 以实现"持续改进"为物业服务超前品质的保证

对【云鼎壹号】二期物业项目的服务管理标准、流程与作业保持持续改进的思想与态度，这也是一个物业服务企业管理水平不断提升的重要标志之一。

以善于自我发现问题为前提，同时，建立起一个长期高效的自我反省与督导检查机制，并有意识地使这种作风在长期的发展过程中固化下来。

持续改进可采取的具体方法有：建立量化管理机制，引入全面质量管理，促使整个企业对服务管理工作群策群力等。

使所有人员认同"不能发现问题是可耻的"，并将结果纳入企业绩效考核体系，纳入企业激励机制，纳入企业文化建设。

（二）质量管理点面结合

质量管理是物业服务管理永远不变的主体。

质量管理的全过程，简而言之，就是设计完善、系统的质量控制体系，建立行之有效的质量管理文件，明确责任明晰的质量管理责任，预先设定严密的质量控制流程与措施，过程执行严格的质量检验制度，全面实施具体的质量保证方案，通过统一规范的质量管理认证，保证持续、有效的质量改进。

因此，对【云鼎壹号】二期物业项目而言，质量管理的基本内容包括：质量体系、质量文件、质量责任、质量控制、质量检验、质量保证、质量认证、质量改进8个方面。

在质量管理体系的支撑下，还要辅以服务关键点、服务错误细节定位管理两项辅助管理手段，点面结合，形成完整的质量管理体系系统。

1. 以质量管理体系8项原则为物业服务管理的基本实施原则

（1）"以客户为关注焦点"原则

也就是客户导向。深刻解读业主对物业服务产品的价格、质量的预期值，最大限度地寻求服务供求双方利益的最佳平衡点，将业主满意度设定为物业服务管理的基本出发点，并使整个服务管理团队为之付出全部智慧与努力。

(2)"领导作用"原则

在质量管理工作中发挥管理者品德与才能等特殊的领导作用。

(3)"全员参加"原则

任何一个成员都不能置身事外,都要在质量管理系统中履行各自的职责,发挥团队的整体作用,使整个系统发挥最大效能。

(4)"过程控制"原则

有这样一个问题:物业服务行业的管理是注重结果,还是注重过程?

正确地回答是:服务行业的过程就是由无数个结果所组成。换个角度说,任何一种服务,只有结果,没有过程。

服务的整个过程,过程中的每个环节,环节的每个细节都会产生一个结果。当你的服务供应链条中出现了一丁点瑕疵,就可能导致完整的服务供应过程就此断裂。因为,你的服务对象会随时随地给你一个结果——"STOP"。

而服务对于服务接受者来说,正好相反。只有过程,没有结果。

服务对于服务接受者而言,其实就是一段经历,这段经历由一个个感受组成。态度、内容、专业、技巧、创意……当这一切都给他(她)带来了美好的感受时,他(她)就确信,自己得到了满意的服务。反之,当这个过程中出现了稍微、少许、丝毫的不如意,那他(她)也会毫不留情地告诉你:$100-1=0$,甚至$100-1<0$。

因此,物业服务应该格外重视:过程控制。

(5)"系统性"原则

突出管理的系统性,刻意避免片面性与短期效应。

系统(system),指为实现规定功能以达到某一目标而构成的相互关联的一个集合体或装置(部件);也指由一群有关联的个体组成,根据预先编排好的规则工作,能完成个别元件不能单独完成的工作的群体。

从上述系统的概念中,可以清晰地发现一个关键词,就是"关联""关系"与"连接"。

对于解决问题的系统性简而言之,首先就是要将有"关系"的元素"连接"起来,不能孤立地看待问题、解决问题,不能断章取义。

如果不能够系统地对待问题,那么一定会片面、有失偏颇、肤浅、治标不治本,结果将导致各关系元素产生摩擦,甚至分裂。

(6)"持续改进"原则

实现质量提升的周期性与良性循环。

物业服务管理的持续改进要求符合 PDCA 原则（过程控制原则）。P（Plan）：计划内容、D（Do）：计划执行、C（Check）：计划检查、A（Adjustment）：计划调整，4 个要素，相互作用，彼此依托，缺一不可。

(7)"诚实守信"原则

优秀企业文化氛围的第一要素是诚实守信，失去诚信，对于企业而言最终会失去一切。其身正，不令而行；其身不正，虽令不行。

(8)"与供方互利"原则

与供方互利，是保证长期可持续发展的基础之一。互惠互利、实现双赢是长远发展的基础与保障，没有哪一个合作者会在屈辱与损失中与你永远携手。对分包商的资源支持主要有设备支持服务、环境支持服务、信息支持服务、技术支持服务等方式。

2. 以三大质量管理体系与五项管理服务机制为基本依据

【云鼎壹号】二期物业项目将全面导入 ISO9001 质量管理体系、ISO14001 环境管理体系、OHSAS18000、GB28000 职业健康安全管理体系等三大质量管理体系，并建立"自我约束机制""专业运作机制""质量保证机制"" 环境保护机制""应急预案机制"五项管理服务机制。以此为依托，从各方面充分体现与发挥质量管理的技术指导与控制保障作用。

3. 以 EHS 管理体系为物业服务体系运行的基础保障

1）EHS 管理将覆盖物业所有服务领域与业务，实施科学、规范的管理，满足或超出所有相关环境保护、职业健康及安全的法律法规要求。

2）建立持续改进的 EHS 管理目标，定期进行内审与管理评审。

3）在规划设计、服务实施和公司运营过程中全面导入绿色环保、健康安全理念，系统地识别和控制潜在环境风险和危险因素，杜绝环境污染、职业病及工伤事故的发生。

4）制定绿色、安全采购策略，努力对供应商的环境、职业健康与安全管理施加影响。

5）积极降低资源消耗。

6）持续培育关注 EHS 的企业文化，提升员工 EHS 责任感。

第二课　物业项目具体服务管理规划的设计与编写

7) 尊重员工，关注员工职业健康，保障员工权益。

8) 与业主、政府、社区及公众等相关方进行开放的信息交流。

4. 服务关键点、服务错误细节定位管理辅助措施

为了能在短期内迅速、有效地提升物业服务品质，提高客户满意度，针对物业服务过程中的服务关键点、服务错误细节进行准确定位，采取针对性的措施，作为物业服务管理体系的有效辅助措施。第一期服务关键点管理措施见表2-1。

表2-1　第一期服务关键点管理措施

序号	服务关键点	责任部门
1	严格执行人员及车辆出入验证、登记管理	安管部
2	遇到业主询问，必须敬礼	
3	装修期及搬迁过程中入户大堂严格实施成品保护	
4	集中清洁草坪、楼宇、楼道、大堂等公共区域的垃圾	清洁部
5	服务区域必须两人成行、三人成列	
6	物业办公区域时刻保持整洁有序	客服部
7	接听电话必须符合标准规范	
8	遇业主进入物业办公室，必须起立，并问候"您好"	
9	公共区域遇到业主，必须问候"您好"	所有部门
10	非规范着装不得进入公共区域及服务区域	
11	服务及管理人员使用对讲机必须使用耳麦	
12	服务区域内工作人员严禁吸烟、争执、化妆、吃东西、大声喧哗、互开玩笑、嬉戏打闹	
13	任何服务及管理人员在任何情况下不得与业主发生任何形式的冲突	

（三）星级酒店服务元素

随着我国城市化进程的加快，尤其是一线大中型城市物业服务业多元化的快速发展，物业服务与酒店服务日益融合已经是大势所趋。

尽管酒店服务业与物业服务业之间存在本质上的差别，但是，酒店服务业相对于物业服务业而言发展较成熟，许多服务标准更规范，其中许多服务方式已经过了多年的实践检验，因此，许多服务元素可以为物业服务过程中所导入与借鉴使用。

1. 酒店标准会所服务

物业的高端商务会所服务，成为当前一种主流物业服务模式。

【云鼎壹号】二期物业项目中的会所服务，将走高星级酒店服务标准的道路，无论是阳光套餐、氧吧水吧（图2-2a）、咖啡时光、茶歇西点（图2-2b）等都将追求体贴入微、精雕细刻的高星级酒店服务标准与服务模式。

a）水吧服务

b）茶歇西点服务

图2-2 物业会所服务现场

此外，还要综合考虑饮品、原料、品量、餐具、环境氛围设计、家具、装饰物、灯光、背景音乐等各方面因素是否有独到之处。

2. 酒店模式前台接待

对于【云鼎壹号】二期物业项目的前台服务，将完全依据高星级酒店大堂的服务管理标准进行。

例如，实行"标准配置"管理，物品摆放依据配置标准位置放置，同时要求，多一件不可，少一件不行。

服务现场的标配管理、服务实施的限时管理等，这些服务管理模式完全是源于传统的高星级酒店的管理标准。

让酒店服务业高标准、高品质的管理特质融入【云鼎壹号】二期物业项目的服务管理中，是【云鼎壹号】二期物业项目管理的突出特点之一。

这种元素的导入不是生搬硬套，而是因地制宜，相互融合。

3. 经理现场动态管理

经理的现场动态管理包括：第一时间现场满足客户需求，处理并解决服务管理中的瑕疵，弥补服务链条中的断层。管理者始终在服务一线，实行"走动式"管理，随时做好"补位"的准备。

用管理者自身的行为去影响每一位服务者，这是【云鼎壹号】二期物业项目中管理者的日常工作标准。

经理的"办公室"就在一线、就在现场。

4. 突出特色服务内容

突出【云鼎壹号】二期物业项目的特色，着重导入专门设计的特色服务方式与内容。

例如，引领服务。当外来客人在公共区域的任何一个地方，面对任何一个员工询问目的地时，不能回答"从这往……走""在第……层"等类似的答案。回答只有一个："请您跟我来"。这一点，对任何一名员工、任何一个管理者的要求都是一样严格，尤其是前台接待人员。这也是物业服务的增值服务模式之一。

再如，电梯高峰期物业服务企业实施的扶梯服务，服务流程如图2-3所示。

5. 多功能商务服务中心

针对【云鼎壹号】二期物业项目的特点，设计多种功能的商务服务中心，最大限度地满足客户商务需求。

商务中心设计规划的基本出发点：达到低成本投入，一站停解决。除一般意义上的传真、复印、文字处理，旅游及会议安排，预订飞机、车、船票等服务项目外，服务外延要尽可能延伸。

如了解涉外事务的相关常规规定，办理签证需要提交哪些资料，为客人提

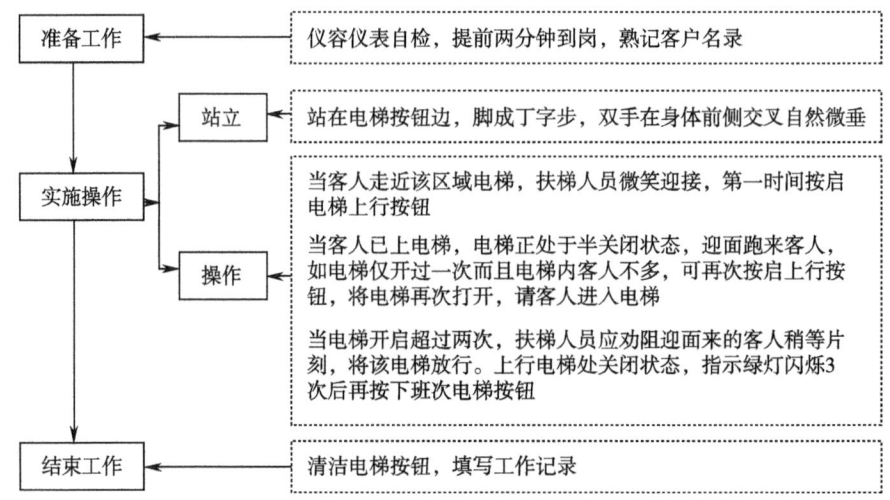

图2-3 扶梯服务工作流程

供这方面的简单咨询服务。例如，了解附近的公共设施分布情况，距离最近的金融机构、酒店、咖啡厅、邮局等，以及其营业时间、具体距离及路线。又如，分布在附近的公共交通站点、行驶路线等。《【云鼎壹号】二期物业项目周边商务信息一览表》见附录2。

6. 导入"金钥匙"服务管理模式

"金钥匙"服务模式起源于法国巴黎，自1929年至今已经历了80多年的历史，现已成为网络化、个性化、专业化、国际化的品牌服务组织。

"金钥匙"服务组织自1995年被正式引入中国以来，已经覆盖190个城市，1200多家高星级酒店和高档物业，2000多名金钥匙会员。

"金钥匙"的口号是："在客人的惊喜中，找到富有乐趣的人生。"

"金钥匙"是酒店服务中一种传统的礼宾服务元素。

它是一种服务理念，即一站式服务（One Stop Service）、首问责任制，为服务对象提供"一条龙"个性化服务；核心出发点是在不违反法律法规，不违背社会公共利益的前提下，使服务对象获得满意加惊喜的超值服务。

它也是一种全新的服务模式，即私人管家服务（Butler Service），是服务对象面对的唯一服务人员。

"金钥匙"的承诺：当宾客走近我的一刻起，一切都交付给我。

把"金钥匙"这一酒店服务业的元素有效地引入物业服务体系，发挥其特殊作用，主要把握以下几个方面要素。

（1）"金钥匙"是私人尊崇服务

"金钥匙"是物业服务企业为业主提供的一种个性化的特殊服务产品，是业主在享有服务企业标准服务之外的超值附加服务。"金钥匙"以其明显有别于传统物业服务的全新模式让服务接受者尽显尊贵身份、尽享至尊服务。

（2）"金钥匙"是全程持续服务

突出两个词："全程"与"持续"。从与服务对象确定服务关系起，至此项服务结束止，"金钥匙"贯穿整个服务过程，同时，持续提供服务对象的全部服务需求。"金钥匙"的服务格言是"我不一定什么都会做，但我一定知道谁会做。"

（3）"金钥匙"是服务流程补充

"金钥匙"的另一个代名词是——"问题的解决者"，即其对服务流程运行过程中的意外断层实施及时有效的补充。虽然"金钥匙"不能替代服务管理，但发挥着服务管理无法实现的特殊效能，那就是弥补与链接。

（4）"金钥匙"是服务荣誉象征

无论是怎样的标识（有的企业采取"金纽扣"等形式），"金钥匙"是一种服务荣誉的象征。

"金钥匙"是服务企业最直接的品质，是服务流程最快捷的补充，服务体系中最闪耀的明星。

"金钥匙"服务模式源于酒店服务，但酒店服务与物业服务毕竟存在着本质的差别。尽管不同服务行业都具有某些共性，但是，当这种先进的服务模式导入物业服务体系，一定要充分结合【云鼎壹号】二期物业项目自身的特点，用心灵的钥匙打开业主心灵之门。

（四）提供专业活动支持

物业服务中还有一项基本内容，就是对各种社区活动提供相应支持。【云鼎壹号】二期物业服务管理中将提供另一种增值服务，就是专业的、高级别的社区活动支持，如图2-4所示。

以社区广场舞比赛活动为例，简单介绍对于活动支持，需要事前准备8个重点方面。

1）事前确定活动的接口单位与接口人，以便尽早安排活动支持计划，并与

a）

b）

图 2-4 社区活动支持

a）物业客服人员对社区活动支持　b）物业安管人员对社区活动支持

接口单位与接口人充分沟通，活动前对各种信息进行有效的确认。

2）事前确定活动具体的日期、时间以及规模与人员数量，以便提前安排具体的形象展示与秩序维护支持计划。

3）事前确定活动的路线，以便提前安排沿途秩序维护方案，并提前实施演练。

4）事前确定活动的内容安排，以便具体安排活动支持计划。

5）事前确定进入活动区域的方式、进入路线，车辆停放的地点、车牌号码、数量、是否为自有车辆，以便畅通、有序地通行，事前预留车位等。

6）事前确定活动的场地安排如区域划分，以便具体安排活动支持计划。

第二课　物业项目具体服务管理规划的设计与编写

7）事前确定现场施工搭建的具体计划，如条幅水牌等，除协助安装、清洁外，注意关注天气状况。

8）事前确定彩排、现场到位的时间表及相关设备、服装及人员确定。

（五）标准流程格式管理

流程就是多个人员、多个活动有序的组合。它关心的是谁做了什么事，产生了什么结果，传递了什么信息给谁，而且这些活动一定是体现企业价值的。

【云鼎壹号】二期作为国内一流的物业服务管理项目，服务品质要求较高，物业服务将重点实施专业化、格式化的物业服务流程标准管理模式。

对于【云鼎壹号】二期物业项目而言，"如果你依据流程实施，即使带来的是错误的结果，错不在你，而在流程；反之，如果你违背流程，即使带来了很好的结果，也将受到严厉的处罚。"也就是"流程为王"。

1）以《质量管理手册》为作业指导，以《标准操作流程手册》为作业依据，运行国内一流的住宅物业服务管理标准流程。

一般来说，服务行业典型的质量体系文件构成共分为3个层次，即质量手册、质量体系程序和其他质量文件。

质量手册是按组织规定的质量方针和适用ISO9000族标准描述质量体系的文件。

质量手册可以包括质量体系程序。质量体系程序是为了控制每个过程质量，对如何进行各项质量活动规定有效的措施和方法，是有关职能部门使用的文件。

其他质量文件包括作业指导书、报告、表格等，是服务产品生产者使用的具体详细的可操作的作业文件。

对于【云鼎壹号】二期物业项目来说，要设定统一标准指导以及具体项目落地化、具体操作化等多层次的质量文件——《标准操作流程手册》作为作业指导书。

2）以"缺陷管理"为物业服务的管理思想，通过对硬件的管理，实施对人的服务，以达到持续提高物业服务品质，通过物业服务实现房产销售的预期目标。

缺陷管理思想就是假定现有的一切标准、流程、作业都存在缺陷，以挑剔的目光看待服务过程中的一切问题，从错误中披露、改进、总结、纠正与预防。这种管理思想体现在没有投诉行为，管理者普遍认为现有管理效果稳定，形势一片大好的情况下,自我、主动地发现问题、寻找问题、挖掘问题。

用一句话来表述:"物业服务就是没事找事"。

缺陷管理的方法主要有:服务过程的业主/宾客评议、访谈与暗访、诉求记录与分析、管理者俱乐部、客情监测与预警、问卷调查、不合格服务纠正与预防措施、服务过程的自我评定、三级检查制度、QA 小组、管理评审等。

3)以"格式化"服务管理为主题,突出该项目及今后 ZH 物业其他项目服务管理中规范性、同一性的基本管理要求与特点。实现 ZH 物业同一服务品牌、同一服务标准、同一服务模式。

对于物业服务企业来说,追求服务产品的同一性,实现服务产品生产的工业化模式具有特殊的意义。物业服务企业最怕一个项目一个样。有时候,对于物业服务企业而言,你提供的服务产品可能不是最好的,但不同项目间的同质化标准却是最重要的。

通过标准化、格式化的服务产品流程管理,让同一物业服务品牌所提供的物业服务产品具有明显的同一化产品特性,由此,为物业服务的接受者、购买者带来同一化的高品质物业服务,是物业服务企业走向专业化、集约化、规模化发展的重要途径。

4)以"五位一体"(职责+制度+流程+表单+方案)的物业服务管理模式为基础,力求"零缺陷""无缝隙"专业化物业服务管理。

物业服务企业的五位一体管理模式,是以职责为基础、制度为标准、表单为依据、流程为指引、方案为手段,最终实现"人人有职责、事事有制度、执行有表单、办事有流程、工作有方案"的过程管理工具。

(六)完整客情监测体系

【云鼎壹号】二期物业项目将依据 3 项服务质量监测标准,运行 4 项客情监测措施。

1. 3 项服务质量监测标准

1)物业服务企业的《服务质量手册》。

2)物业服务企业的《服务关键指标标准》。

3)签订的《服务合同》中承诺的服务标准。

2. 4 项客情监测措施

(1)内部:不合格服务纠正与预防措施

不合格服务纠正预防措施的目的：确保不合格服务得到识别和控制；减少或杜绝不合格服务；防止潜在的不合格服务使用或交付；提高服务质量和水平；增强客户满意度；实现质量管理体系的持续改进。工作流程如图2-5所示。

不合格服务的分类标准：

1）疏忽性不合格服务：由于可理解的原因（如过度疲劳）或一时大意，影响轻微的不合格服务。

2）责任性不合格服务：由于无法使人接受理解的原因（如与业主争执）或非疏忽性又有一定影响的不合格服务。

3）危害性不合格服务：由于责任部门或责任人员的放任或纯属不负责任的服务行为，影响服务管理系统运行，大区域投诉或造成恶劣影响的不合格服务；以及业主投诉并经核实，存在服务工作严重失误的服务行为。

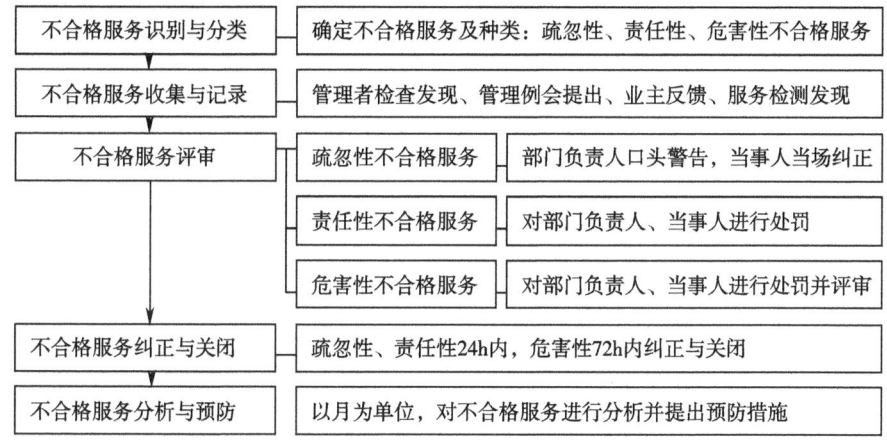

图2-5　不合格服务纠正与预防工作流程

（2）外部：客户投诉受理程序

投诉的分类标准：

A类投诉：指对物业服务企业整体负面影响很大，波及范围广泛，业主反映较为强烈的投诉。

主要包括下列几种情况：

1）因业主人身、财产安全遭受损失而引起的投诉。

2）因业主的正常生活、工作秩序受到严重影响而无法继续所引起的投诉。

3）经业主屡次反映，管理部门有能力解决但一直未解决所引起的投诉。

4）多人次的同一类投诉。

5）来自最高管理层的严重投诉。

B类投诉：指对某一服务管理项目的多个业主有较大负面影响，波及范围较大，相关业主普遍有不满情绪，但经解决没有造成严重后果的投诉。

主要包括下列几种情况：

1）对业主的正常生活、工作秩序造成不方便影响所引起的投诉。

2）其他各类虽影响较重但没有产生严重后果的投诉。

C类投诉：指对个别业主有一定负面影响，不牵涉其他人员或区域，投诉人虽有不满但经弥补不产生任何后果的投诉。

主要包括下列几种情况：

1）对日常服务项目服务实施情况的一般性投诉。

2）对其他各类常见问题的投诉。

投诉受理工作流程如图2-6所示。

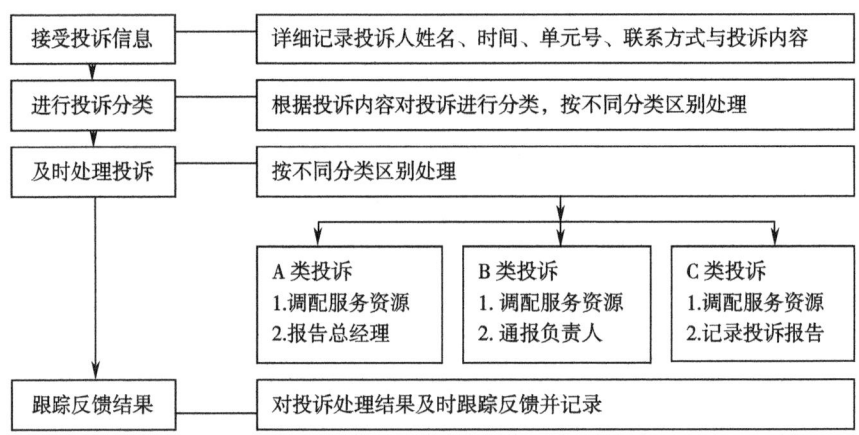

图2-6 投诉处理工作流程

(3) 公共：客户服务中心24小时诉求服务

物业客户服务中心是物业服务体系中的一种运行管理模式。它不仅仅是接收、传递客情的信息中心，更是对服务诉求进行集中处理的管理中心，是物业服务企业的控制中心。

1）"信息畅通"：保证统一公示的服务电话24小时有人接听；保证客户、客户服务中心与服务执行部门间的信息能够得到畅通无阻的传递。

2）"快速反应"：接听快速、承诺快速、到场快速。

3）"资源调配"：物业客户服务中心在整个物业服务管理运行体系中居于核心地位，拥有绝对的资源调配权，如同计算机系统中的 CPU。

4）"过程管理"：或者说持续跟进。无论是何种诉求，无论由哪个服务执行部门实施，客户服务中心一定要对客户的诉求执行过程进行持续跟进，不仅仅是程序化信息传递了事。这一环节在现实运行中绝对不可省略，目的是让顾客清晰地知道客户服务中心一直在持续地为他们提供服务。

5）"关闭反馈"：对完成的客户诉求要得到客户方确定的意见反馈，与客户进行关闭确认。如果发现无法实现对客户许下的承诺，客户服务中心必须在第一时间向客户表示歉意，同时要真诚地解释承诺无法实现的具体原因，还要主动提出具体的补救措施。

6）"持续改进"：定期按照相关服务专业进行信息分拣及客情统计分析，同时制订持续有效的改进计划并督导执行。

（4）专项：系统对客沟通机制

【云鼎壹号】二期物业项目沟通协调机制中，根据沟通协调对象的特点，制订不同的、有针对性的沟通协调计划、频次及具体的时间，拜访业主工作流程如图 2-7 所示。《物业服务沟通协调机制运行表》《客户沟通记录表》见附录 3 和附录 4。

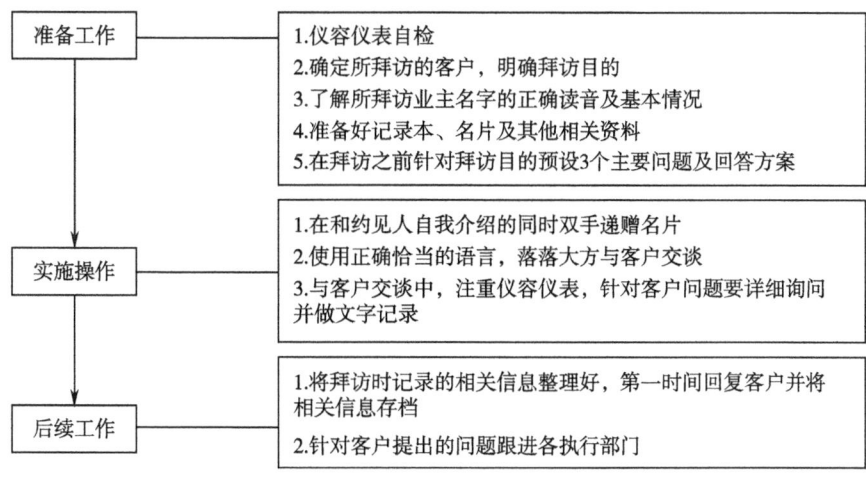

图 2-7　拜访业主工作流程

(5)"5341客户服务快速反应机制"

在服务项目中将启用"5341客户服务快速反应机制":

"5",接到业主电话后不低于5min反应到位;

"3",一般问题30min内解决;

"4",30min无法解决的,应向客户口头解释,并于4h内最终解决;

"1",需协调外部单位解决的,应于1日内向客户做出承诺。

(七)凸现文化服务底蕴

今天的市场竞争,不再像初级市场阶段那样,仅仅只是凭借雄厚的资金、专业的技术、卓越的人才、垄断的领域,而是融入了越来越多的文化元素,彼此博弈着文化的内涵积淀与深厚功力。这种深刻的文化竞争,对于当前的物业服务而言,提供高品位的社区文化服务是一种重要的表现形式。【云鼎壹号】物业服务管理项目社区文化服务年度运行计划见表2-2。

表2-2 【云鼎壹号】物业服务管理项目社区文化服务年度运行计划

序号	活动时间	活动主题	社区文化服务具体内容
1	长期	祝您生日快乐	通过信息平台,以物业客服中心的名义在业主生日当天发送温馨的生日祝福短信,体现人文关怀
2	2月	迎新春送祝福	1. 节日园区布置。通过灯笼、对联、窗花、彩灯等饰品营造节日气氛 2. 举行"邻里亲"写春联活动。由物业客服中心提前准备红纸、笔墨,邀请有书法特长的业主亲自书写对联,进行互赠,以此增进业主互相之间及业主与物业的和谐关系
3		庆元宵猜灯谜	组织业主包元宵、猜灯谜,将业主亲手包制的元宵作为小礼品送给活动的积极参与者,如图2-8所示
4	3月	妇女节体现关爱	1. 节日当天幸运女性业主可获得物业客服中心提供的鲜花一支,并送上节日祝福,如图2-9所示 2. 联系社区或关爱妇女的社会机构,在社区举办关于关爱女性的知识讲座等活动
5	4月	读书月活动	1. 通过公告栏向业主宣传活动 2. 开展"我喜欢的一本好书"阅读活动,业主可到物业客服中心借阅自己感兴趣的书籍

第二课　物业项目具体服务管理规划的设计与编写

（续）

序号	活动时间	活动主题	社区文化服务具体内容
6	5月	劳动节体验物业、美化家园	1. 邀请业主代表参加美化社区的植草、植树等活动（以趣味性为主），以便让业主在体验服务与劳动的同时，增加对物业服务企业的理解与支持 2. 与花卉市场联系举办花卉展，将花卉搬回小区进行展览，装扮小区的同时，方便业主购买花卉
7	6月	儿童节亲密接触	举办以"快乐童年，我爱我家"为主题的儿童画展，在小区公告栏等显著位置做展示。邀请少年宫等专业机构的工作人员对参展作品进行打分评奖，并将获奖的作品制作成明信片，赠送给小朋友留念
8		端午节意外惊喜	组织业主包粽子，并把这份爱心送给活动参与者及小区内的老人，如图2-10所示
9	7月	跳蚤市场	周末下午，组织小区内的小业主进行跳蚤市场活动，小朋友可以把自己闲置的玩具、书本等拿来进行互相置换或者低价出售，即提高了物品的利用率，防止资源浪费，又可以通过活动交朋友，丰富假期生活
10	8月	暑期电影节	周末为业主呈现怀旧露天电影，（6月~8月应天气情况）如图2-11所示。
11	9月	中秋节	选取小区中心广场的位置进行布置，举办中秋共赏月灯谜会活动
12	10月	国庆节轻松长假	小区内堆砌象征国庆寓意花坛，旁边可放置宣传资料的展架，通过环境营造节日气氛
13		重阳敬老活动	与医疗机构联系进入小区为老年人进行免费测量血压等身体检查，并完善老年人健康档案
14	11月	消防演练	举办趣味性消防演练，提高居民防火意识
15		关爱老人	入冬时节，天气渐冷，联合工程管理部对小区内的老年人及行动不便的业主进行供暖设备免费检修活动，使大家度过一个温暖的冬季
16	12月	圣诞节西方文化	在园区突出位置或入口处放置一株高大、夺目、绚丽的圣诞树，悬挂、堆放一些象征性的小礼物；还可以在园区突出位置或入口处设置一个象征性的卡通贺卡，通过环境设计着重烘托节日气氛。同时安排物业工作人员穿戴圣诞老人的服饰入户（主要针对有小朋友的家庭）派发圣诞礼物

图 2-8　元宵节闹花灯

图 2-9　妇女节的特殊礼物

图 2-10　热闹的端午节包粽子活动

图2-11 怀旧露天电影展播

（八）贴身贴心管家服务

贴身，近距离服务；贴心，用心去服务；这就是管家式服务的内涵。

关于"贴身"与"贴心"的物业管家式服务，要把握的基本原则是：稀缺性、排他性与舒适感。

现代都市人非常注重生活细节与品质，导入管家式服务是【云鼎壹号】二期物业项目规划设计时着重考虑的一个方面，也是一个突出的亮点。

【云鼎壹号】二期物业项目中的物业人，将细心关注、体贴每一位走近身边的人。依据【云鼎壹号】二期物业项目的特殊氛围与品质要求，设计适合【云鼎壹号】二期物业项目的物业服务产品。

针对【云鼎壹号】二期物业项目，不能一厢情愿地设计所谓"完美"的物业服务产品，而是以挖掘潜在服务需求为出发点。

将导入5项细节服务措施：

1. 导入温馨"家居式服务"

以保洁服务为例，体现温馨的家居感受。

例如，10h超长保洁现场维护服务。现场保洁人员按照高密标准进行人员配置，在确保服务现场高标准的保洁维护前提下，并能实现10h保洁人员驻现的环境维护服务（含值班）。

再如，生活垃圾门前收集服务。每天，业主只需将产生的生活垃圾，用塑料袋密封收集好放置于入户门之外，物业的保洁服务人员就会及时予以收集清理；同时在日常作业过程，时刻关注业主门前的卫生，不间断提供清理收集服务，省却业主提拎垃圾之苦，快捷、卫生、专业。

2. 各方面实行"零干扰服务"模式

尽可能不对业主正常的生活秩序产生任何的干扰与影响。

例如，客服员、安管员楼宇内巡视一律使用耳机，如图2-12所示。

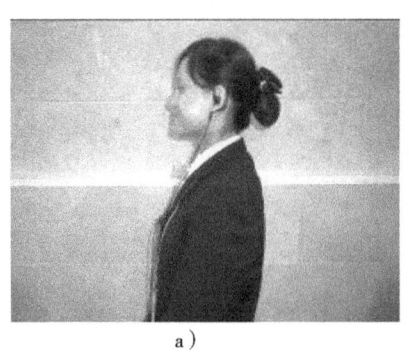 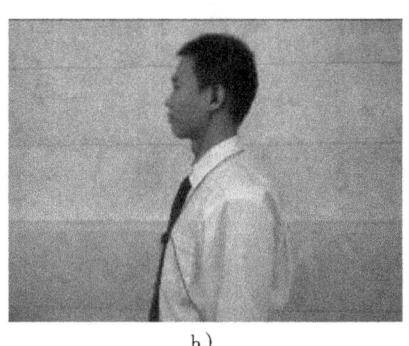

a） b）

图2-12 楼宇内巡视一律使用耳机

a）客服员楼宇内巡视 b）安管员楼宇内巡视

再如，保洁实施"影子"服务模式。

"影子"服务，也是一种备受尊崇的"零干扰"服务。其实就是让业主每时每刻都享有舒适、整齐、洁净的生活环境，但实施服务时，不对业主产生任何干扰，甚至都看不到保洁员的身影。

结合【云鼎壹号】二期物业项目的业主特点，调整服务的频率与具体的服务实施计划与时间。例如，将浇水、修剪，特别是施肥的时间进行适当调整，尽量避开业主常规出行时间，以免带来不便。

此外，特殊清洁养护、地毯清洗、消杀虫控等工作都采用此方式。

3. 建立严密的空气质量管理体系

室内空气污染，尤其是装修后的有害气体污染对人体的健康危害极大：容易引起眼睛，尤其是角膜、鼻黏膜及喉黏膜刺激症状，嘴唇等黏膜干燥，皮肤生红斑、荨麻疹、湿疹等；易疲劳；易头疼和呼吸道感染；还会引起胸闷、窒息状感觉，原因不明的过敏症，眩晕、恶心、呕吐等。

对此，我们将通过地下车库空气质量检测（图2-13）、设置空气净化设备（图2-14）、为业主进行户内免费甲醛检测（图2-15）等方式来最大限度地降低室内空气污染。

第二课　物业项目具体服务管理规划的设计与编写

a）

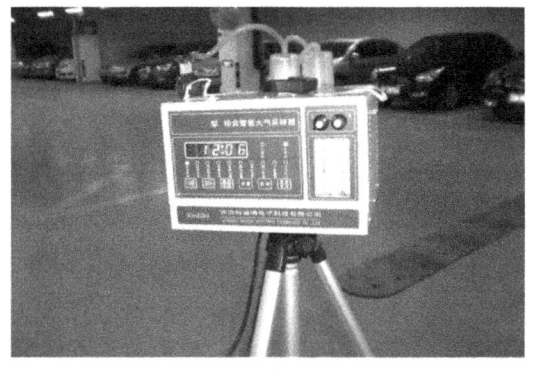

b）

图 2-13　地下车库实施空气质量检测

　　　　　　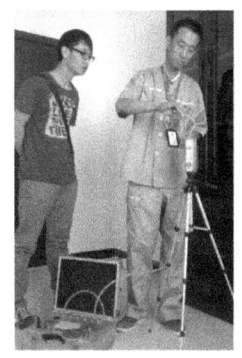

图 2-14　设置空气净化设备图　　　　图 2-15　免费甲醛检测

4. 早晚实施对客专业迎送服务

通过迎送服务，体现物业服务细致入微的人文关怀，如图2-16所示。

图2-16 迎送服务

5. 特别的关爱给特别的你

例如，特殊天气（如雨、雪）提供雨伞借用服务，如图2-17所示。

图2-17 物业公司提供雨伞借用服务

再如，对于存在异味的区域，尤其是室内，提供菠萝除异味服务，如图2-18所示。

（九）专业室内绿化设计

室内绿化不但对室内的空气与环境起到净化、美化的作用，而且对人的思

第二课　物业项目具体服务管理规划的设计与编写

图 2-18　物业公司设置的菠萝除异味服务

想、情绪、生活、工作都起到很大的改善与促进作用。通过出色完美的绿化设计，物业服务完全可以把原本密闭的室内封闭空间变成自然的"绿色生态空间。"

【云鼎壹号】二期物业项目针对不同的区域、位置、空间遵循不同的室内绿化设计原则。

1）门厅应以叶形纤细、小巧玲珑的植物为主，以便于通行。

2）入户大堂面积较大，设计大、中型观叶植物或大型盆景，增强整体效果；对于面积较小的区域，可设计小型盆花、插花。

3）休憩区区要避免使用花粉多、易落叶、香味浓的植物。

4）卫生间应选择耐潮、无毛无刺，香气浓郁可抗异味的植物。

5）办公区可通过清新淡雅、叶形秀丽的梅、兰、竹、菊来体现文化氛围、调节情绪。

由于业主入住装修等原因，环境污染状况在前期阶段通常不容乐观。由此，楼宇内绿化对于【云鼎壹号】二期物业项目来说显得更为迫切。物业服务过程中，应该最大限度地实现室内空间的自然化、生态化，将植物引进室内，对室内进行有计划性的绿化，使人们在室内一样能够亲近自然。

【云鼎壹号】二期物业服务管理项目要实现室内绿化的 3 项功能。

1）生态作用。

首先净化室内空气。对于【云鼎壹号】二期物业项目来说，室内装饰装修过程中，不可避免地会都使用一些含有甲醛、苯等有毒化学物质的装饰装修材料，这类物质对人的身体伤害是非常大的。如果在楼宇内适当设计一些绿色植物，特别是具有较强吸收有害物质能力的植物，就能够大大降低室内有害气体的浓度。而某些植物还具有分泌散发有效物质，杀灭空气中的细菌，吸附空气中的尘埃的特殊功效。

其次调节室内环境。室内绿化植物还具有保持室内空气清新的作用。当这些植物在进行光合作用时，吸收空气中大量的二氧化碳，同时释放丰富的氧气。而通过室内植物的蒸腾作用，可以有效地调节室内温度与湿度。此外，室内绿化植物还具有降低噪声，增加空气中负离子含量的作用。

2）美化作用。

改善原本呆板的室内环境的情调和氛围，让【云鼎壹号】二期物业项目内的工作人员、客户也能够充分享受自然与舒适，从而每日心旷神怡，悠然自得。

此外，室内绿化打破了室内线条固有的呆板与生硬，使室内空间充满动感与生机。

3）改善室内空间的作用。

在【云鼎壹号】二期物业项目的空间规划中，绿色植物要被大量用于软性分隔空间的特殊用途，这比刻板、单调的其他硬性分隔显得生机盎然。绿色植物还将被用于服务设备、设施、区域、方向提示与指引，增加了楼宇内的情趣。

（十）细节增添生活情趣

现代人的工作节奏快，压力非常大，忙碌一天，回到了小区，回到了家，都会把这里作为身心休憩的港湾。

身体与心灵的舒缓、愉悦，除了卓越的自然环境外，物业服务的"情趣"服务也是一种特殊、有效的方式。

例如，物业绿化服务时，可以设计一些富有情趣的植物的小故事或者饶有意境的植物的语言，把它们装饰在绿植的旁边，让走近它们的人，能体味到一种轻松与惬意。

（十一）专业安全清洁服务

1. 专业的环境清洁服务

（1）专业的清洁技术

清洁服务是物业服务技术体系中非常重要的服务技术元素之一，因为，专业的清洁服务是物业服务专业化的重要体现；是物业服务品质化的重要标准；

第二课 物业项目具体服务管理规划的设计与编写

是物业保值甚至增值的基本保证之一。

【云鼎壹号】二期物业项目中，存在大量地毯、石材、金属、玻璃等特殊材料的清洁工作，清洁难度大、技术含量高。

因此，通过引入专业清洁设备及专业技术与技巧，通过专业服务使物业保值甚至增值，更能彰显物业服务的品质与专业程度。

以硬地板的护理为例。

地板是不动产的重要组成部分，地板护理对于不动产维护保养而言具有无可替代的现实意义，如改善外观、防滑安全、清洁污渍、延长寿命等。

硬地板分为弹性（塑料、合成塑料、塑胶等）与非弹性（岩石、大理石、水磨石、瓷砖水泥等）两类。弹性地板抗腐蚀，但遇油剂或染剂可能出现褪色现象，而非弹性地板会渗水、怕摩擦、怕酸。大理石，尤其是打磨过的，即使是极弱的酸性物质也不能接触。

下面我们来看地板污垢的形成方式。

1）直接接触式：鞋、轮等带来，地板污垢的主要来源。

2）积累方式：气流带入。

所形成污垢的类型有3种。沙粒：不溶解，硬粒会嵌入地板表面甚至本身；尘埃：附带细菌、微生物，磨损地板表面蜡层，地板变滑，易发生危险；污液：易渗入地板、附着或发生化学反应而形成永久性污渍。

由此，引出地板的4种护理方式。

1）预防性护理：门口使用地垫和干拖。

2）常规性护理：湿拖、消毒、喷磨抛光、高速抛光；湿拖最频繁可每天一次，最少每周一次，也可使用自动洗地机；抛光用于修补或恢复蜡面，每周一至五次。

3）定期性护理：喷雾清洁（用于轻微污渍，一至三个月一次）、地板起渍、重打地蜡（用于深层污渍、深度划痕或磨损，三至六个月一次）。

4）恢复性保养：彻底去蜡、重新落蜡，六个月或每两年一次。

这里着重介绍技术工艺比较复杂的恢复性保养。

1）起蜡，工作流程如图2-19所示。

注意事项：①起蜡时非常湿滑，小心滑倒；②全面起蜡时，应用不同的起蜡水做起蜡试验。

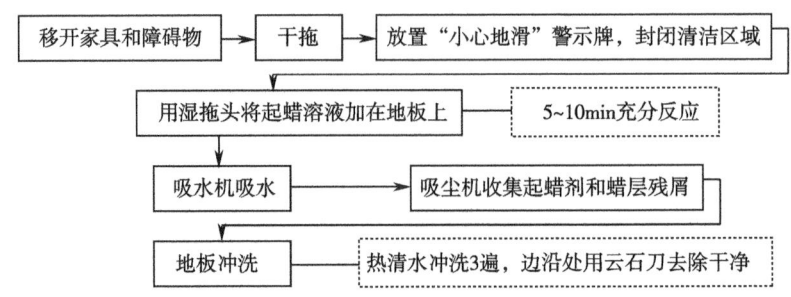

图 2-19 起蜡工作流程

2）落蜡。注意事项：①彻底干燥后落蜡；②使用专用的落蜡工具，不可使用非打蜡拖布落蜡；③蜡层与蜡层之间要有足够的时间风干，每次应停 45min～1h；④不能用风干机吹；⑤一天内，辅蜡层最多不超过 3 次，包括底蜡；⑥千万不要将剩余的蜡水倒回原容器。

（2）侧重成品保护

成品保护对于物业服务保值增值的服务目标非常重要。不仅表现在不动产的日常服务过程中，尤其对于保洁开荒、前期服务、大规模搬迁等阶段，要求专业、细致，不留隐患，如图 2-20 所示。不能对不动产造成无法修复的损伤，如图 2-21 所示。

图 2-20 规范的成品保护

（3）我们都是保洁员

有时候，我们可以以洗手间的卫生状况来判断一个人的打扫水平，同样，我们也可以以洗手间来考量一个物业项目的服务品质，因为洗手间是物业服务细节的最有效体现，如果洗手间的清洁质量让人不敢恭维，那么这个项目、这个物业公司怎么可能值得信任与托付。

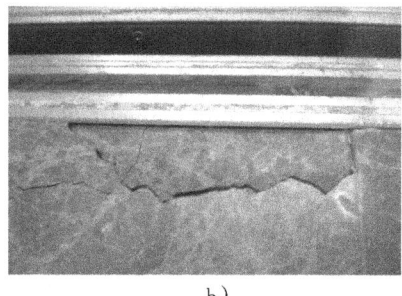

a) 　　　　　　　　　　　　b)

图 2-21　未设置成品保护造成不动产损伤

【云鼎壹号】二期物业项目中的每一个物业人都是保洁员，要求物业人过地净。

再如，物业办公室的卫生质量要和服务现场的质量同一个标准也是这个道理。当你离开办公位时你的座位要归位，跟你刚来的时候必须是一模一样的。

2. 专业的秩序维护服务

【云鼎壹号】二期物业项目秩序维护要通过细节充分体现服务品质。

（1）"六级安全屏障"

1）一级屏障：周界和外围出入口。

2）二级屏障：平台和地库。

3）三级屏障：单元入口。

4）四级屏障：楼内巡逻。

5）五级屏障：全员参与安全及管理应急处理。

6）六级屏障：应急平台。

（2）体现服务特质

如以严格、规范为服务特色的安管员，除了有身高、容貌等外部要求外，还要定期进行专项微笑服务培训。此外，巡逻过程中遇到有困难的业主要给予及时帮助，协助提重物的业主进行搬运，或提供小推车等方便运输工具。

（3）突出服务细节

例如，问候要把握时机；车内乘客正在接打电话时，不要贸然打扰；为客人拉车门时，严禁用持对讲机的手做护持动作，以免信号惊扰客户；为乘坐出租车的客人拉车门时，除问候外还应特别提示"请您带好随身物品"。

(4) 提供持续服务

例如，为客代叫出租车服务时，通过对讲机完成呼叫安排后，还应对客人做持续明确的告知，让客人准确知晓此项服务目前的执行情况。

(5) 强化私密管理

例如，出入人员严格甄别，使推销、保险、快递、送餐等职业服务人员以及其他无关人员，在未经允许的前提下不能靠近服务对象，体现物业服务人员心理判断能力与服务技巧，突出高品质的公共区域秩序管理水平。又如，来访人员严格准入管理，在未确认来访人员身份之前禁止进入，充分保护业主的私密生活空间。

(6) 导入速度服务

例如，到达现场执行勤务实施标准时限管理；服务过程中无论距离远近必须采取跑动式服务，严禁以步行速度走动，体现服务的快捷、紧凑。

(7) 保障消防安全

例如，消防系统维护保养细致专业。特别关注以下细节方面：消防卷盘转动灵活；消火栓、供水闸阀及消防卷盘所有转动部位定期润滑；定期试验消火栓；防止消防用水结冰等。

例如，定期实施具有实效性的消防演习，加强消防安全宣传与培训的效果；提高专业程度，强化扑灭初期火灾的能力。又如，提高预防火灾的能力，定期清理公共区域、楼道内的杂物，春节实施重点部位流动消防安全措施等。

(8) 严格车辆管理

1) 车辆管理要有可追溯性，对进出的出租车进行车号登记，以便在服务区域内发生客户物品遗失在出租车内的情况时，资料完整清晰，能实施准确倒查。

2) 车辆疏导"后来先到"。驾驶员有事停车询问，必须先引导车辆停放到不影响其他车辆行驶的位置，再与驾驶员进行交流，避免发生交通拥堵。

3) 停车、禁止通行要注重标准的示意手势，指示清晰，传递信息准确。如图 2-22 所示。以免驾驶员东张西望、无所适从或无谓询问。

4) 健全道路指示标识，避免发生车辆交通事故，如图 2-23 所示。

第二课　物业项目具体服务管理规划的设计与编写

图 2-22　安管员车辆指挥训练

图 2-23　小区内道路指示标识

（十二）科学有效节能降耗

科学有效的节能降耗技术、管理措施与方法手段可以大幅度降低物业产的经营运行支出，同时，这也是一个对社会负责、对业主尽责的物业服务企业无可推卸的责任。

参考资料1：【云鼎壹号】二期物业项目节能降耗管理方案

一、制度管理

1）针对【云鼎壹号】二期物业项目各类能源的耗用状况进行科学的预测分析，建立健全节能降耗的管理制度；制订具体的节能降耗工作目标和节能降耗

工作措施。

2）建立健全【云鼎壹号】二期物业项目各类能源的计量、监测装置和设备设施，完成能源计量装置、设备、仪表的维护保养工作，使各种能源计量装置、设备处于良好的工作状态。

3）建立健全能源消耗统计记录和能源使用状况报告制度。指定专门部门负责各项能源消耗的统计记录工作，建立统计台账，收集原始记录，科学分析各种能源消耗情况，总结、掌握【云鼎壹号】二期物业项目的能源消耗规律。

4）建立健全有利于节约能源、降低能源消耗、提高经济效益的节能工作责任制。明确节能工作岗位职责和任务，通过岗位责任制和能耗定额管理等形式将能源管理制度化。

5）通过持续开展节能降耗的宣传教育与专项培训等手段，提高全体员工的节能意识，做到节能从每个人做起，从每个人身边的每件小事做起。

6）强化管理人员和全体员工的节能意识，定期检查、不定期抽查各种能源消耗统计记录和节能措施的实际落实情况，并将导节能工作目标的完成情况入绩效考核机制。

7）建立健全设备设施的日常维护保养制度，在延长设备设施使用寿命，有效节约维修成本的同时，让设备设施的良好运行状态成为一种节能的有效措施。

二、技术措施

1）在使用空调的楼宇内密切关注各区域空调的使用状况，根据季节以及外界温度的变化，在保证设备运行安全和满足服务要求的前提下，适时调整设备运行参数和运行时间，尽可能多使用新风，以减少不必要的能耗。

2）根据实际服务需求，合理确定空气处理机组开启的数量和时间。

3）在保证适宜的室内温度与湿度的前提下，春秋两季的空调换季时期，最大限度地利用新风，以减少独立空调机的使用。

4）定期对空调处理机组进行有效维护，保持表冷器翅片的清洁，从而保证良好的换热，以降低能源的无谓损耗。

5）根据具体情况建立各种照明灯具开关的时间管理制度并进行及时、适时的调整；在保证安全照明的前提下及时调整灯具开启的数量，通过工作人员的巡视及时关闭无人区域的照明和空调设备，减少不必要的能源浪费。

6）每日对无人机房（如空调机房、水泵房、各种管井等）进行巡视，在保证无人机房最低照度的前提下减少照明灯具的开启量以最大限度节省机房照明用电。

7）运用科学合理的检测手段和维护方法使各种设备设施的运行参数处于最佳工作状态，保证运转设备设施的良好润滑以减少机械功率的损耗。

8）通过日常精细化维护，保持楼宇外窗结构的严密性，减少夏季冷气的外泄和冬季供暖时冷风的侵入。

9）通过定期计划性维护保养和日常巡视检查，消除各用水设备设施的跑、冒、滴、漏现象，尤其是卫生间等重点区域。

10）针对结构或系统缺陷等原因造成的能源浪费现象，如卫生间无法达到自然采光，造成长明灯现象；在辅助功能区域如停车场等没有使用节能灯，增大电能消耗；入户大堂没有选用旋转门、自控门增加空调的能耗损失；玻璃幕墙的面积较大，尤其是入户大堂区域，无法有效控制室内温度；室内房间未采用中空玻璃，无法达到节约能源的效果等，及时提供相关的报告和合理解决方案，并进行有效补救。

三、实施方案

（一）节水的具体实施方案

1）对于空调冷却系统依据本地区水质的实际情况，选择最适宜的水处理方法。同时，密切配合水质监测，合理控制空调冷却水的浓缩倍率。此外，采取科学的排污方法，在保证设备和管路不发生结垢的前提下，最大限度减少冷却水的排污量。

2）加强水质监测，随时掌握水质的情况，在保证设备的正常运行和使用寿命的前提下减少排污水量；此外，对设备设备定期、定时巡检，及时维护，杜绝跑、冒、滴、漏现象。

3）保洁服务中要选择各种有效的节水措施。例如，公众活动区的地面一般不选用地毯，减少清洁工作的频率，浪费水资源；布草尽量不选用浅色调，特别是白色，以减少清洗的频率；而布草清洗前先浸泡 20min 后再进行水洗，不仅易洗净而且节约水电耗用。

4）设备设施的专业化管理也能够有效节水。例如，水龙头设置感应式开关，避免出现长流水；坐便器的冲水水箱容量由 8L 调为 6L；入户大堂入口处加设防尘踏垫，以减少清洁频率，降低保洁服务的耗水量；园林景观绿化可采用喷灌、滴灌、管渗等节水灌溉设施。

5）对于生活用水量的控制，很大程度上取决于物业服务管理者对楼宇内公众的意识引导和对用水设施的管理。

① 不影响美观的前提下，于公共场所张贴节约用水宣传资料，增强人们的节水意识。

② 建立巡检制度并严格督导执行，对管线及用水设备随时检修，避免跑、冒、滴、漏现象。

③ 对空置的楼层和房间，加强水系统的日常巡检。

④ 加大中水的利用，最大限度地节约水资源。

⑤ 定期检查、及时维护卫生洁具，保持合理的冲水时间和冲水流速，在保证卫生效果的前提下减少耗水量。

⑥ 倡导洗澡时多用淋浴，减少浴缸的使用，可以有效节约生活用水。

（二）节电的具体实施方案

1）对公共区域，特别是泛光照明的用电时间进行合理有效的控制；走廊、消防通道等不经常通行的区域可采用声控开关；避免长明灯；此外，加强设备间照明灯开闭的检查。

2）加强调整设备系统运行时间及运行状况，避峰填谷，保证功率因数达到 0.99 以上。

3）随着日光灯具的检修，逐渐加装就地补偿电容或更换电子镇流器等措施，减少无功功率电能损耗，提高供电质量。

4）空调开启前先运行新风 15min 左右，在换入新鲜空气，有效降温的同时，达到节约用电的效果。此外，增加自然通风，减少机械通风。

5）控制室内温度，冬季温度提高 1℃，或夏季降低 1℃，可有效降低 5%～8% 能耗。

6）分散的区域，不用中央空调系统，采用分体式、柜式空调调节温度，降低电能消耗。

（三）办公室节能降耗的具体实施方案

1）坚持实行无纸化办公。

2）办公用计算机禁用闲置接口和设备，关机后拔下电源插头，如较长时间不用，启动自动"待机"模式；如更长时间不用，尽量启用电脑"休眠"模式。

3）天气晴朗时不使用灯具照明。

4）及时清除电热水器中的污垢也可以达到节约电能的作用。

5）加强宣传倡导，积极倡导办公室节能降耗，并以多种形式宣传节能环保观念。

第三课　服务管理的原则、目标及具体工作计划的设计与编写

第一讲　服务管理原则的设计与编写

一、物业项目服务管理原则的主要内容

物业项目服务管理原则主要包括5个方面的内容：
①守法履约原则；②品质至上原则；③专业服务原则；④以业养业原则；⑤共同发展原则。

二、物业项目服务管理原则设计与编写的主要要求

根据物业服务相关法律、法规、制度、政策的要求，同时结合《前期物业服务合同》《（临时）管理规约》所约定的内容来制定具体的服务管理原则。

三、设计与编写范例

【云鼎壹号】二期服务管理原则

【云鼎壹号】二期物业项目服务管理遵循以下5项基本服务原则：

1. 守法履约原则

遵循物业管理与服务的相关法律、法规、制度与政策，认真履行《前期物业服务合同》约定之服务内容，符合公司质量管理标准与要求。

2. 品质至上原则

坚持"业主至上，服务第一"的企业经营宗旨和"以人为本"的原则。根据业主的需求，强化服务意识，丰富服务内涵，向小区业主提供高品质、周到、

第三课 服务管理的原则、目标及具体工作计划的设计与编写

及时的物业服务。严格管理是服务的保障和基础，包括对物业的维护管理、员工的管理以及对业主违反《（临时）管理规约》的不当行为的管理和劝阻，建立健全各项管理制度，实施依法管理、以制度管理的原则，以确保【云鼎壹号】二期物业项目的服务品质。

3. 专业服务原则

专业化管理与业主自治管理相结合。尊重并按照广大业主的要求，通过对物业实施专业化的管理，定期与不定期地开展征询业主意见活动，努力争取业主/物业使用人的支持与配合，使其能正确使用和维护物业，并自觉遵守《（临时）管理规约》，共同创建安全、清洁、舒适、方便、和谐文明的社区环境。

4. 以业养业原则

以做实、做好常规性物业服务为基础，开展社区多种经营活动，以社区多种经营收入弥补物业管理经费不足，举办内容丰富多彩、形式多样的社区文化活动。在搞好日常物业管理和高端物业服务的同时，从物业实际出发，开展一系列服务性的多种经营，既满足广大业主/物业使用人的不同需求，又增强物管公司的造血功能，增加经济收入来源，以利于更好地为业主/物业使用人服务。

5. 共同发展原则

在企业内部管理方面，视员工为企业之本，处处善待员工，充分发挥企业工会组织作用，尊重和维护员工的合法权益。以企业文化，引导和规范员工的思想意识和管理服务行为，不断提高企业的凝聚力和员工的向心力，使员工热爱企业，忠诚企业，服务企业，并与企业共同成长、进步。

第二讲 服务管理目标的设计与编写

一、物业项目服务管理目标的主要内容

物业项目服务管理目标的主要内容包括3个方面：
①物业服务管理的总体目标；②物业服务管理的具体目标；③服务管理 KPI（关键指标）承诺。

二、物业项目服务管理目标设计与编写的主要要求

根据物业服务项目实际软硬件条件，同时结合所处地域的特点及经济发展现状，

明确提出合同期内的总体服务目标，分别做出各期间的具体服务管理目标承诺。

三、设计与编写范例

【云鼎壹号】二期服务管理目标

1. 总体服务目标

物业服务达到《【云鼎壹号】二期物业项目服务合同》中承诺的标准。

2. 具体服务管理目标

1）接管项目服务管理一个年度内：经过 ZH 物业严格认真地贯彻执行 3 套体系一体化的管理体系，通过对小区楼宇设施设备的精心管理、精心维护，使小区通过树立"业主至上，服务第一"的经营宗旨与精诚服务，客户满意率 90% 以上；各类设施设备完好率达到 95% 以上；有效投诉率年 6 项以下；重大管理责任事故无，一般管理责任事故 6 项以下。

2）接管项目服务管理两个年度内：通过进一步实行"精细化的管理"与"高端+尊崇感"的服务，进一步提高物业管理水平、进一步提高服务质量，充分展示 ZH 物业在乌鲁木齐地区的精品形象。客户满意率 90% 以上；有各类设施设备完好率达到 95% 以上；有效投诉率年 4 项以下；重大管理责任事故无，一般管理责任事故 4 项以下。并通过创优达标活动，获取"乌鲁木齐市物业管理服务优秀住宅示范小区"（市优）称号。

3）接管项目服务管理 3 个年度内：通过不断改进、不断创新，实现业主满意率达到 95% 以上，小区各类设施设备完好率达到 98%，有效投诉率年 3 项以下；重大管理责任事故无，一般管理责任事故 3 项以下。经济效益略有盈利，ZH 物业第一客服的领航形象在乌鲁木齐地区得到充分彰显，并获取"新疆维吾尔自治区物业管理优秀住宅示范小区"（区优）称号。

3. 服务关键 KPI 指标承诺

服务关键 KPI 指标见表 3-1。

表 3-1　服务关键 KPI 指标

序号	项目	关键 KPI 指标
1	诉求处理	诉求处理及时率 100%
2	团队建设	整体人员流动率≤30%/季

第三课 服务管理的原则、目标及具体工作计划的设计与编写

(续)

序号	项 目	关键 KPI 指标
3	制度建设	制度考核达标率 100%
4	体系指标	体系运行考核合格率≥95%
5	质量整改	质量问题整改及时有效率 100%
6	业务规范	业务规范率≥98%
7	岗位操作	岗位操作合格率≥95%
8	流程执行	流程执行合格率≥90%
9	风险控制	风险识别与控制符合率 100%
10		各类预案执行与演练达标率 100%
11		设备设施运行合格率≥98%
12	资产养护	资产养护完好率 100%
13	清洁、绿化、消杀服务质量	总体达标率≥90%，特殊区域 100%，品牌合格率 100%；
14	客户服务	业务分流处理及时率 100%
15	动力设施管理	影响营销/办公责任故障次数≤0
16		公共设备设施完好率≥95%
17		重大突发事件响应时间≤10 分钟
18		重大责任失职有效投诉次数≤0
19		室内环境参数达标率 100%
20		设备维修及时率≥98%
21		消防设备设施完好率 100%
22		智能化系统运行正常率≥98%
23		设备建档率 100%
24		运行记录完整率 100%
25		特殊工种持证上岗率 100%

第三讲 工作计划的设计与编写

一、物业项目服务管理工作计划的主要内容

物业项目服务管理工作计划分为三部分：
1) 物业服务管理的前期准备工作计划。

2）物业服务工作运行计划。

3）物业服务管理人员岗前专项培训计划。

二、物业项目服务管理工作计划设计与编写的主要要求

工作计划是所有具体工作开展的行动指南，只有制订了翔实的计划，工作才会更加有条不紊地进行，物业项目服务管理工作计划的设计与编写要结合物业服务项目的特点，以时间为主线，制定出详细、可行的服务管理工作依据。

三、设计与编写范例

【云鼎壹号】二期服务管理工作计划

【云鼎壹号】二期服务管理工作计划具体内容见表3-2～表3-4。

表3-2 【云鼎壹号】二期前期准备工作计划

序号	工作计划	计划要点	实施时间段
1	签订服务委托合同	在前期已经依法完成前期物业服务招投标的基础上签订《前期物业服务委托合同》、协助地产公司制定《（临时）管理规约》	物业项目开盘销售之前（计划为2016年3月31日前）
2	服务管理规划设计	根据【云鼎壹号】二期物业项目施工图结合现场踏勘，设计规划《物业服务管理方案》	2016/2/1～3/15
3	筹备并成立【云鼎壹号】二期项目物业服务中心	主要管理人员配置、招聘与培训	2017/6/1～9/30
		工程维护人员配置、招聘与培训	2017/6/1～6/30
		物业收费人员配置、招聘与培训	2017/8/1～9/30
		服务操作人员配置、招聘与培训	2017/9/1～9/30
		实施物业服务管理的专业设备、器材、用具、耗材、服装的配置与采买	2017/6/1～9/30
4	前期工作准备	《物业服务作业指导书》的实施前准备	2017/9/1～9/30
		物业服务标准展示资料的设计与制作	
		熟悉、掌握物业项目基建、隐蔽工程	
		熟悉、掌握物业项目各类设施、设备	
		制定业主入住服务现场活动执行方案	

第三课　服务管理的原则、目标及具体工作计划的设计与编写

（续）

序号	工作计划	计划要点	实施时间段
5	物业项目承接查验与接管验收	物业项目承接查验	2017/7/1～9/30
		物业项目接管预验收	2017/8/1～8/31
		物业项目正式验收	2017/9/1～9/30
6	导入物业服务管理模式	导入物业服务基础模式	2017/8/15～8/31
		导入具体流程、标准及模拟操作考核	2017/9/1～9/30
7	正式实施物业服务	物业服务正式启动	2017/9/30（购房合同中约定的交房时限）

表3-3　【云鼎壹号】二期服务管理工作运行计划

管理策划	计划内容
完善物业服务体系计划	每月、度、年按照客情监测计划进行物业服务沟通交流活动
	每月度进行1次以上内部单项服务管理流程的管理评审与输出
	每年度进行1次以上内部综合服务管理流程的管理评审与输出
	每半年进行1次以上内部服务管理制度、岗位职责的管理评审与输出
	每年进行一次以上业主满意度调查工作
服务达标计划	服务一个年度内： 客户满意率90%以上；各类设施设备完好率达到95%以上；有效投诉率年6项以下；重大管理责任事故无，一般管理责任事故6项以下
	服务两个年度内： 客户满意率90%以上；有各类设施设备完好率达到95%以上；有效投诉4项以下；重大管理责任事故无，一般管理责任事故4项以下。并获取"乌鲁木齐市物业管理服务优秀住宅示范小区"（市优）称号
	服务三个年度内： 业主满意率达到95%以上，小区各类设施设备完好率达到98%，有效投诉3项以下；重大管理责任事故无，一般管理责任事故3项以下。获取"新疆维吾尔自治区物业管理优秀住宅示范小区"（区优）称号
服务持续改进计划	以"7+1"培训模式每月进行3次以上员工服务意识与技能培训
	每月进行1次以上服务关键点定位、调整、强化与关闭
	每半年进行1次服务满意度调查，调查对象覆盖率达80%以上
	每年进行1次以上工程维修、清洁、秩序维护技能考核，提高专业化水平
	每年进行2次以上消防演习，提高消防安全意识与防范能力

表 3-4 【云鼎壹号】二期人员岗前专项培训计划

培训日期及时间		培训地点	培训课题	培训方式	培训师	受训人员
08/15	10：00		受训人员集合	安排培训计划	公司行政助理	
	10：30~13：30		企业文化导入	观看宣传片、讨论		全体员工
	15：30~18：30			现场讲授	行政人事部经理	
08/16	10：30~13：30		项目情况简介	观看资料片、讨论	地产营销部经理	
	15：30~18：30			现场讲授		
08/17	10：30~12：30		物业服务基础	现场讲授	物业培训经理	
	15：30~18：30			现场讲授、讨论		
08/18	10：30~12：30		物业服务方案	现场讲授	物业培训经理	项目经理、客服主管、秩序主管、工程维护主管等全体管理人员及客服员、收费员
	15：30~18：30			现场讲授、讨论		
08/19	10：30~13：30		管理心理学	现场讲授	管理学培训师	
	15：30~18：30			讨论		
08/22	10：30~13：30	培训教室	财务管理常识	现场讲授	财务管理培训师	
	15：30~18：30			模拟练习		
08/23	10：30~13：30		对客服务常识	现场讲授	客服培训师	
	15：30~18：30			模拟练习		
08/24 - 08/26	10：30~13：30		法律法规常识	现场讲授、讨论	法律法规培训师	
	15：30~18：30			现场讲授、讨论		
08/29 08/30	10：30~13：30		基础服务礼仪	讲解、模拟练习	礼仪培训师	
	15：30~18：30					
08/31	10：30~13：30		安全消防教育	现场讲解	安全管理培训师	
	15：30~18：30			模拟练习		
09/01	10：30~13：30		设备工程常识	现场讲授	设备工程培训师	
	15：30~18：30					
09/02	10：30~13：30		突发事件处理及注意事项	现场讲授	安全管理培训师	
	15：30~18：30			模拟练习		
09/05 - 09/07	10：30~13：30		公司管理制度及管理手册	现场讲授	物业培训经理	全体员工
	15：30~18：30					
09/08 09/09	10：30~13：30	服务现场	安全消防常识	讲解示范 模拟练习	安全管理培训师	
	15：30~18：30		突发事件处理			
09/12 09/13	10：30~13：30		对客服务常识		客服培训师	
	15：30~18：30		设备工程常识		设备工程培训师	
09/14	10：30~18：30	待定	团队建设活动	集体活动		
09/15	10：30~18：30	服务现场		现场模拟考核	行政人事部经理	
09/16	10：30~13：30	培训教室		理论知识考核		
	15：30~18：30			培训工作总结		

第四课　物业服务标准的设计与编写

一、物业服务标准的主要内容

物业服务的标准，或者说物业服务的承诺，由物业服务基本标准与物业服务管理具体标准两部分组成。

二、物业服务标准设计与编写的主要要求

物业服务标准是物业服务管理工作的基础，要结合物业服务项目的现实条件与特点，提出各职能专业详细、可行的具体标准作为服务管理工作的指导纲要。

三、设计与编写范例

【云鼎壹号】二期物业服务标准

1. 物业服务基本标准

（1）服务基础达标

全体物业服务人员持证上岗、统一着装、佩戴标识、仪容仪表整洁、语言行为规范、服务主动热情。

（2）服务时限标准

公示24h服务电话。工作时间紧急诉求5min内，一般诉求15min内到达现场；非工作时间紧急诉求30min内、一般诉求2h内到达现场；24h内关闭投诉、回访。

（3）服务客户导向

每年进行1次以上业主满意度调查，覆盖率达80%以上，业主满意率达到承诺标准。

（4）公共区域规范

每日对公共区域巡检频率与标准实现服务承诺标准，确保公共区域安全、规范、整洁、有序。

（5）道路交通安全

主要通道、停车场、交通道路及容易危及人身安全的设施设备标志齐全，灯具完好率不低于95%。

（6）保障消防安全

消防设施设备完好，符合标准，可随时启用；保证消防通道畅通。

（7）安全管理到位

主出入口24h值勤，重点区域、重点部位每日巡检一次以上。

（8）服务环境整洁

保持良好公共卫生环境，清洁服务履行物业服务合同的承诺标准。

2. 物业服务管理具体标准

【云鼎壹号】二期物业项目具体服务标准，执行新疆维吾尔自治区住房和城乡建设厅2013年制定的《住宅物业服务标准》中的四级服务标准。

第五课　组织机构设置的设计与编写

第一讲　组织机构设置原则的设计与编写

一、物业项目组织机构设置原则的主要内容

通过对物业项目的服务管理定位，规划与设计适合该项目的组织机构设置原则。

二、物业项目组织机构设置原则设计与编写的主要要求

在对这部分内容进行规划设计时应该注意一点，在科学、有效的组织机构设置原则的前提下，一定要充分兼顾服务品质与经济效益平衡的问题，这是由物业服务这一目前微利行业不可避免的现实状况所决定的。

三、设计与编写范例

【云鼎壹号】二期组织机构设置的基本原则

【云鼎壹号】二期物业项目采取项目经理负责制。项目中各服务管理工作岗位所需的人力资源配置，在 ZH 物业管理有限公司人力资源管理系统下，结合经营管理目标实行项目独立管理模式，以岗定编、一岗多职、一职多能。坚持"以岗谋人，人尽其才，才尽其用"的用人原则组建物业项目服务中心，建立一支专业、高效的服务管理团队。项目内部管理采取直线职能制，尽可能减少管理层次与环节，提高服务工作效率、保证物业服务品质。

【云鼎壹号】二期物业项目组织机构设置的原则基础是，要充分发挥 5 个方面的作用。

1. 保证绝对执行力度

在【云鼎壹号】二期物业项目的运行管理中，要着重避免有令不行、令行不止、折扣执行，甚至故步自封、推卸责任、相互推诿等恶习、陋习，通过科学、合理、务实、高效的项目组织机构规划与设置，并不断调整与完善，充分发挥组织效能的作用，保证各项服务指令的绝对执行力。

2. 增强服务资源协作

通过组织机构设置，减少相关职能部门之间不必要的重叠与交叉，从一线服务与二线支持两个角度进行机构职能设置，最大限度地整合、协调有限的服务资源，让宝贵的服务资源发挥最大的服务效能。在提高整体服务协作意识与效果的同时，减少服务管理层次，降低服务执行环节中可能出现的摩擦与消耗。

3. 培养复合服务人才

物业服务行业的人才培养讲求"一专多能"，岗位设置力求"一岗多职"，这也是物业服务行业人力资源发展的必然趋势。这种复合型人才的管理与培养方式还有利于员工综合能力、职业发展潜力的挖掘以及人才梯队的动态管理，增强企业应对突发状况的能力。有利于企业长期、稳定、健康、高效地发展。

4. 有效降低人员成本

合理规划、设计、设置、控制人员编制是【云鼎壹号】二期物业项目服务管理组织机构设置的重要目标之一。让全体员工明白一个道理：无效人员的增加就是降低有效人员的收入。通过加强服务管理，在保证服务品质的基础上，有效降低人员成本支出才是真正有效的组织管理。

5. 保障一线服务力量

服务行业以服务效果为目标，所以，"业主导向"可以作为人力资源配置的基本指导思想。现实中，无论是物业服务项目规模的大小，还是经济利益的高低，在运行过程中同样"麻雀虽小、五脏俱全"。因此，人力资源配置必须向加强一线服务操作人员力量倾斜，决不能单纯以降低人员成本为人力资源管理的唯一出发点。

人员控制的基本原则是"减谁不能轻易减一线员工"。

第五课 组织机构设置的设计与编写

第二讲 组织机构设置及编制计划的设计与编写

一、物业项目组织机构设置及编制计划的主要内容

物业项目组织机构设置及编制计划的主要内容包括以下5个方面：

1）根据物业项目的具体工作进度，确定物业服务各级管理人员进入时间节点计划。

2）设计科学合理的人员配备方案。

3）确定服务管理人员的岗位要求。

4）物业项目主要管理负责人基本情况简介。

5）设计具体明晰的组织机构编制架构。

二、物业项目组织机构设置及编制计划的主要要求

因为物业服务行业中人员成本占总支出的比例较大，有时甚至达到了60%以上。因此，物业项目组织机构设置及编制计划的设计规划环节必须严密、严谨地根据项目实际情况，结合以往经验做出合理的判断，否则必然会导致该项目发生结构性亏损。

三、设计与编写范例

【云鼎壹号】二期组织机构设置及编制计划

【云鼎壹号】二期组织机构设置及编制计划具体见表5-1～表5-3。

表5-1 人员入场时间节点计划

序号	岗位	进入时间节点	达到工作标准需培训时间
1	项目经理	2017年6月1日	30天
2	工程部主管	2017年6月1日	30天
3	工程维护技工	2017年6月1日	30天
4	客服部主管	2017年8月15日	45天
5	收费员	2017年8月15日	45天

（续）

序　号	岗　位	进入时间节点	达到工作标准需培训时间
6	客服专员	2017年9月15日	15天
7	安管部主管	2017年9月15日	15天
8	安管员	2017年9月15日	15天
9	外包清洁员及绿化员	2017年9月20日	10天

备注：【云鼎壹号】二期物业项目自2017年7月1日起实施承接查验，2017年9月30日起提供前期物业服务。

表5-2　【云鼎壹号】二期项目物业服务管理人员配备方案及岗位要求

序　号	岗位设置	岗位要求
1	物业服务中心项目经理	1. 大学本科及以上学历 2. 中级及以上专业技术职称 3. 从事物业服务管理工作8年以上 4. 管理30万m^2以上物业服务项目5年以上 5. 具有丰富理论知识和实践经验，对物业服务管理有独到见解 6. 有国内一流物业服务项目管理工作整体的思路和构想 7. 具有《物业管理经理》及《企业质量体系内审员》资格 8. 具有良好的组织、沟通能力及较强的综合事务处理能力 9. 熟练使用计算机及办公软件 10. 年龄45（含）周岁以下
2	客服部主管	1. 大学专科及以上学历 2. 从事物业服务管理工作5年以上 3. 具备物业服务管理对客服务的相关专业知识 4. 普通话标准，语言表达能力强 5. 具有较强的沟通协调及综合事务处理能力，高星级酒店管理工作经验优先 6. 担任20万m^2以上同类项目同等职务3年以上 7. 具有《物业管理经理》资格 8. 熟练使用计算机及办公软件 9. 年龄35（含）周岁以下

第五课　组织机构设置的设计与编写

（续）

序号	岗位设置	岗位要求
3	工程部主管	1. 机电设备等相关专业大学专科学历及以上学历 2. 中级及以上专业技术职称 3. 从事本专业工作3年以上，了解物业服务管理知识 4. 具备物业服务管理工程维护的相关专业知识 5. 担任20万㎡以上同类项目同等职务3年以上 6. 熟练使用计算机及办公软件 7. 年龄45（含）周岁以下
4	安管部主管	1. 大学专科及以上学历 2. 从事本专业工作3年以上，掌握物业服务管理中安全管理的专业知识 3. 具有较强的沟通协调处理能力 4. 担任20万㎡以上同类项目同等职务2年以上 5. 熟练使用计算机及办公软件 6. 年龄38（含）周岁以下

【云鼎壹号】二期物业项目经理简介（略）

备注：物业项目中的项目经理属于重要管理岗位，需要单独介绍其基本情况。

表5-3　服务人员配备方案及岗位要求

序号	岗位设置	性别要求	年龄要求	文化程度	工作技能及工作经验要求
1	客服专员	女性	20~28岁	大专及以上	1. 具备良好的服务意识 2. 普通话标准，语言表达能力强 3. 熟练使用计算机及办公软件 4. 五官端正，身高165cm以上，形象气质良好
2	收费员	不限	23~45岁	大专及以上	1. 具备良好的服务意识 2. 普通话标准，语言表达能力强 3. 熟练使用计算机及办公软件 4. 具备基础财务知识

(续)

序号	岗位设置	性别要求	年龄要求	文化程度	工作技能及工作经验要求
3	维修技工	男性	18～45岁	高中及以上	1. 具有初级技工以上相关技能等级资格 2. 两年以上相关工作经验 3. 具备良好的沟通能力
4	安管员	男性	18～32岁	高中及以上	1. 5年内退伍军人优先 2. 身高178cm以上，体重65kg以上 3. 口齿清楚，没有明显地方口音 4. 五官端正，威严而不失灵活
5	清洁员 绿化员	不限	男50岁、女45岁以下（含）	初中	1. 五官端正，动作麻利 2. 有星级酒店或清洁公司工作经验者优先

备注：

1）以上人员必须身体健康，无传染性疾病，经公司指定的市级以上医院体检合格。

2）持有效居民身份证、计划生育证、劳务用工证，以及有效学历证明、技术资格证明。

3）特殊岗位需有本市常住户口担保人有效担保。

【云鼎壹号】二期人员编制计划（如图5-1所示）

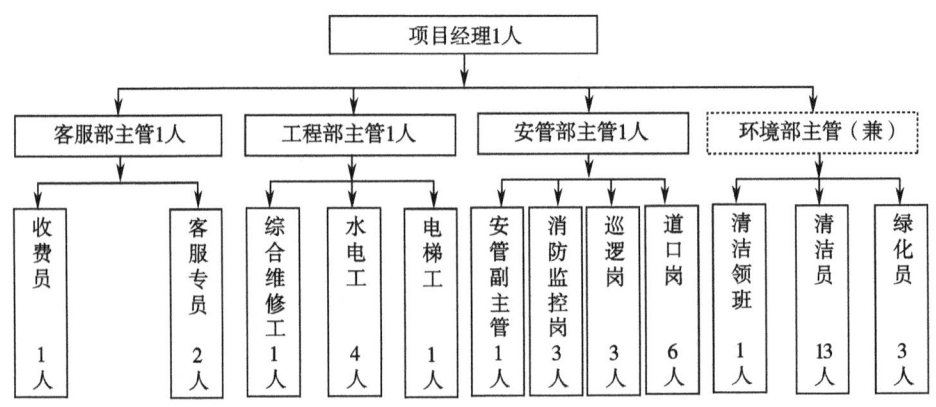

图5-1 人员编制计划

1）合计43人，其中：管理层4人，一线员工39人。

2）项目经理全面负责，环境部主管由客服部主管兼职管理。

3）一线操作层员工实行周 40 小时制。工程维护员工 6 人，实行 24 小时岗位责任制。安全管理员工 13 人，其中安管副主管 1 人，与安管主管交替带班；消防中控值班 3 人，实行三班两运转；两个主出入口门岗执勤，每个出入口 3 人，实行三班两运转；小区巡逻岗 3 人，实行三班两运转。环境部外包员工 17 人，分别负责外围公共区域清洁、楼宇内部清洁、地下车库清洁以及外围绿化养护。

第六课 物业服务管理体系文件的设计与编写

一、物业服务管理体系文件的主要内容

物业服务管理体系文件分为3个构成层次：

1) 质量手册，按照组织规定的质量方针和适用ISO9000标准描述质量体系的文件。

2) 质量体系程序，为了控制每个过程的质量，对如何进行各项质量活动规定有效的措施和方法，是有关职能部门使用的文件。

3) 其他质量文件，包括作业指导书、报告、表格等，是产品生产者使用的具体详细的可操作的作业文件。

二、物业服务管理体系文件设计与编写的主要要求

对于物业服务企业来说，应设定统一标准指导以及具体项目落地化、具体操作化等多层次的质量文件。

三、设计与编写范例

【云鼎壹号】二期物业服务管理体系文件（略）

【云鼎壹号】二期物业服务管理体系文件目录见表6-1。

表6-1 【云鼎壹号】二期物业服务管理体系文件目录

安全管理类			
1	安全生产管理委员会工作指引	4	安管员须知权限指引
2	部门组织架构及职责工作指引	5	安全管理考核指引
3	项目安全管理组织架构及职责指引	6	对讲机管理使用指引

第六课 物业服务管理体系文件的设计与编写

（续）

	安全管理类			
7	项目安全管理制度工作指引	15	车场工作指引
8	公共安全管理指引	16	停车场出入口工作指引
9	安全事务管理指引	17	安全培训工作指引
10	巡逻岗工作指引	18	应急突发事件处理工作指引
11	大堂（门）岗工作指引	19	服务技能工作指引
12	监控消防中心工作指引	20	安全人员考核管理指引
13	消防安全管理工作指引	21	装备器材采购及管理指引
14	装修单位消防安全巡查工作指引	22	应急器材配置指引
	客户服务类		
1	组织架构与岗位职责分配指引（客服中心）	12	物品搬出放行工作指引
2	组织架构与岗位职责分配指引（品质管理）	13	邮件收发管理工作指引
3	客户服务环境与服务装备指引	14	空置房管理工作指引
4	客户服务需求办理工作指引	15	费用催缴工作指引
5	有偿服务管理工作指引	16	住户卡管理工作指引
6	客户关系管理工作指引	17	物业管家例行工作指引
7	客户投诉管理工作指引	18	客服主任例行工作指引
8	入伙管理工作指引	19	服务形象、礼仪礼节工作指引
9	公众事务管理工作指引	20	物业管家客服主任培训工作指引
10	宠物管理工作指引	21	客户档案管理工作指引
11	装修管理工作指引	22	入户维修工作指引
	环境管理类		
1	环境管理部组织架构及职责指引	13	冬季防护的作业指引
2	项目环境管理组织架构及职责指引	14	办公室清洁指引
3	清洁服务作业指引	15	公共卫生间清洁指引
4	环境管理标准指引	16	商务休闲中心清洁指引
5	地砖和石材清洁作业指引	17	农贸市场清洁指引
6	环境部（清洁）安全操作指引	18	生活饮用水标准指引
7	楼宇清洁作业指引	19	危险化学品操作指引
8	室外清洁作业指引	20	清洁机具操作指引
9	绿化园林质量管理指引	21	绿化机械操作指引
10	绿化常规作业操作指引	22	环境消杀作业指引
11	植物养护作业指引	23	环境装饰设计指引
12	室内植物养护管理指引	24	环境应急预案指引

（续）

	工程管理类		
1	组织架构及岗位职责指引	26	火灾自动报警系统操作及保养作业指引
2	组织架构及职责指引	27	气体自动灭火系统操作及保养作业指引
3	工程设备机具与人工工具装备管理指引	28	防火卷帘门操作及保养作业指引
4	公共能耗管理指引	29	消火栓系统操作及保养作业指引
5	水表和电表抄读指引	30	自动喷水系统操作及保养作业指引
6	维修班组作业指引	31	风机运行及维护保养作业指引
7	工程管理部交接班指引	32	疏散出口指示灯操作及保养作业指引
8	设备和设施用房管理指引	33	停车场管理系统维护作业指引
9	设备和设施分类及编码指引	34	监控系统操作及保养作业指引
10	设备颜色管理指引	35	可视对讲和门禁系统维护保养作业指引
11	工程分包方管理指引	36	周界防范系统操作及保养作业指引
12	设备巡检指引	37	巡更系统维护保养作业指引
13	设备房巡查操作指引	38	制冷主机操作及保养作业指引
14	计量器具管理指引	39	冷却塔操作及保养作业指引
15	计量器具自检指引	40	空调主机控制柜操作及保养作业指引
16	前期介入指引	41	空调末端设备操作及保养作业指引
17	质保期监管工作指引	42	电梯运行及维护保养管理指引
18	高压柜及变压器操作及保养作业指引	43	燃气锅炉系统操作及维护保养作业指引
19	低压配电控制柜维护保养指引	44	维修作业安全管理指引
20	发电机维护保养操作指引	45	公共建筑及设施巡查作业指引
21	变频供水控制柜操作及保养作业指引	46	房屋及附属设施的维护保养作业指引
22	二次供水卫生管理指引	47	房屋完好评定指引
23	给水泵操作及保养作业指引	48	房屋及附属设施维修指引
24	排污潜水泵操作及保养作业指引	49	装饰装修建渣清运管理工作指引
25	水箱系统维护保养作业指引		

第七课 物业项目服务管理基础条件、装备及设备设施计划的设计与编写

第一讲 基础条件计划的设计与编写

一、物业项目服务管理基础条件计划的主要内容

物业项目服务管理基础条件，主要是指为了给业主提供满意的物业服务，同时，也为满足物业项目服务管理工作的正常有序运行，而需要具备的服务工作基础环境与条件。

物业项目服务管理基础条件主要包括：物业服务管理办公、物资储藏保管、设备维修、秩序维护执勤与准备、物业服务员工休息与居住等场所，以及物业服务管理员工宿舍的设备及用具等。

二、物业项目服务管理基础条件计划设计与编写的主要要求

保障物业服务工作能够正常运行的基础条件，在物业服务管理方案的设计中非常重要。要求充分考虑日后物业服务管理工作的现实状况与实际需求，既能够满足工作需要，又避免资源浪费。

三、设计与编写范例

【云鼎壹号】二期服务管理基础条件计划

【云鼎壹号】二期物业项目服务管理基础条件计划分为场地与场所计划和宿舍设备与用具计划两个部分（表7-1～表7-3）。

表7-1　物业项目服务管理场地与场所计划　　（单位：㎡）

序号	基础条件项目	基础条件内容						
1	项目中心工作场所	名称	经理办公室	物业办公室	设备维修间及库房	安管备勤室	卫生间	合计
		面积	10	101	60	30	12	213

表7-2　物业项目服务管理宿舍设备计划　　（单位：元）

序号	名称	数量	单价	合计	序号	名称	数量	单价	合计
1	上下床	6套	380	2280	5	衣柜	6组	420	2520
2	洗衣机	1台	1000	1000	6	电热水器	1台	1500	1500
3	电视机顶盒	1台	380	380	7	电视机	1台	2500	2500
4	无线路由器	1台	120	120					
	合计				10300				

表7-3　物业项目服务管理宿舍用具计划　　（单位：元）

序号	名称	数量	单价	合计	序号	名称	数量	单价	合计
1	床上用品	12套	180	2160	9	电风扇	3台	150	450
2	电热水壶	2台	65	130	10	电熨斗	1把	200	200
3	长条桌	2张	200	400	11	圆凳	12个	22	264
4	仪表风纪镜	1面	220	220	12	微波炉	1台	500	500
5	鞋架	2个	100	200	13	晾衣架	2个	150	300
6	脸盆	12个	15	180	14	电视柜	1个	350	350
7	熨衣板	1个	150	150	15	垃圾桶	5个	10	50
8	扫把簸箕	1套	50	50	16	插线板	2个	50	100
	合计				5704				

备注：物业项目服务管理中员工宿舍设备计划总金额：10300元，用具计划总金额：5704元。

第二讲　装备及设备设施计划的设计与编写

一、物业项目服务管理装备及设备设施计划的主要内容

物业项目服务管理装备及设备设施，主要是指为了给业主提供满意的物业服务，同时，也为满足物业项目服务管理工作的正常有序运行，而需要具备的

第七课 物业项目服务管理基础条件、装备及设备设施计划的设计与编写

服务管理工作的装备及设备设施条件。

物业项目服务管理装备及设备设施主要包括以下内容：
1）物业项目服务管理人员的服装。
2）物业项目服务管理行政办公设备及用品。
3）物业项目服务管理秩序维护与消防装备及用具。
4）物业项目服务管理维修设备及用具。
5）其他物业项目服务管理所需设备及用具。

二、物业项目服务管理装备及设备设施计划设计与编写的主要要求

对未来提供物业服务所需的装备及设备设施条件进行科学、合理的规划，是决定一个物业服务项目能否顺利进行并长期持续稳定发展的基础物质条件。同时，这也是物业服务管理的专业能力的重要体现，因为不同业态、不同定位的物业服务项目，其服务的差异性对基础设备设施的专业要求有很大差别。

在设计过程中，要具有前瞻性和实效性。

1）前瞻性，既要满足当前阶段工作的需要，又要充分考虑下阶段项目的实际发展状况；避免由于采购频率增加而导致采购成本上升。

2）实效性，在保证服务品质的前提下充分考虑设备设施投入的有效性，避免重复购置、闲置，或者由于物资积压造成浪费。

三、设计与编写范例

【云鼎壹号】二期装备及设备设施计划

从"有利于高品质物业服务与合理成本效益"的原则出发，"【云鼎壹号】二期物业项目服务的设备设施配置计划共分为四部分：① 物业项目服务管理服装计划（表7-4）；②物业项目服务管理行政办公设备、家具、用品计划（表7-5～表7-7）；③物业项目服务管理秩序维护与消防装备、用具计划（表7-8）；④物业项目服务管理维修设备、工具和耗材计划（表7-9和表7-10）。

表7-4　物业项目服务管理服装计划　　　　　　（单位：元）

序号	职务	标准	人数	金额
1	管理人员	829.44	4	3317.76
2	安管人员	1196.64	13	15556.32
3	客服及收费员	1385.64	3	4156.92
4	工程维护员	907.2	6	5443.2
5	保洁员	183.6	17	3121.2
	合计		43	31595.4

表7-5　物业项目服务管理行政办公设备计划　　　　（单位：元）

序号	名称	数量	单价	金额	序号	名称	数量	单价	金额
1	台式计算机	3台	4000	12000	6	针式打印机	1台	1650	1650
2	便携式计算机	1台	4500	4500	7	打印复印机	1台	7000	7000
3	数码相机	1部	1200	1200	8	音响	1对	900	900
4	保险柜	1台	680	680	9	投影仪	1台	2600	2600
5	电动投影幕布	1组	680	680	10	前台值班椅	4把	100	400
	合计								31210

表7-6　物业项目服务管理行政办公家具计划　　　　（单位：元）

序号	名称	数量	单价	金额	序号	名称	数量	单价	金额
1	沙发	2组	1900	3800	8	业主档案柜	4组	580	2320
2	会议桌椅	1套	3620	3620	9	书刊架	2组	180	360
3	经理室办公桌椅	1套	2100	2100	10	5层铁皮柜	4组	350	1400
4	办公桌椅	3套	1360	4080	11	更衣柜	2组	420	840
5	茶几	1组	240	240	12	前台值班椅	4个	100	400
6	前台接待椅	2个	240	480	13	圆凳	10个	22	220
7	档案柜	4组	350	1400					
	合计								21260

表7-7　物业项目服务管理行政办公用品计划　　　　（单位：元）

序号	名称	数量	单价	金额	序号	名称	数量	单价	金额
1	落地式电风扇	5台	150	750	5	验钞机	1台	850	850
2	空调扇	2台	500	1000	6	塑封机	1台	450	450
3	电水壶	2个	65	130	7	录音电话机	2部	380	760
4	无线路由器	2组	120	240	8	普通电话机	2部	80	160

第七课 物业项目服务管理基础条件、装备及设备设施计划的设计与编写

（续）

序号	名称	数量	单价	金额	序号	名称	数量	单价	金额
9	值班手机	1部	200	200	47	大头针	30盒	1.5	45
10	饮水机	1台	280	280	48	起钉器	5个	3.5	17.5
11	A3裁纸机	1台	195	195	49	胶水	10瓶	3	30
12	色带	10盒	7	70	50	固体胶	40支	5	200
13	硒鼓	5个	220	1100	51	透明胶带（小）	20筒	5	100
14	碳粉	2盒	130	260	52	透明胶带（大）	50卷	8	400
15	白板、板架	2组	150	300	53	记事贴	10本	4.5	45
16	A4复印纸	10箱	165	1650	54	四色记事贴	10本	3.5	35
17	A3复印纸	1箱	165	165	55	白板磁珠	2个	10	20
18	修正液	20个	3.5	70	56	计算器	4个	40	160
19	黑色签字笔	4盒	15	60	57	印台（红）	5个	11	55
20	黑色笔芯	20盒	10	200	58	印台（蓝）	5个	11	55
21	红色签字笔	1盒	15	15	59	印油（红）	5瓶	5	25
22	红色笔芯	2盒	10	20	60	印油（蓝）	5瓶	5	25
23	荧光笔	10支	2.5	25	61	插线板（5m）	10个	50	500
24	白板笔	20支	2	40	62	纸杯	10包	28	280
25	白板擦	2个	3	6	63	扫把簸箕	5组	25	125
26	铅笔	30支	0.5	15	64	垃圾桶	5个	10	50
27	橡皮	10块	1	10	65	笔筒	5个	8	40
28	转笔刀	5个	2	10	66	钥匙盘	20个	15	300
29	单面文件夹	20个	7.8	156	67	7号电池	2盒	10	20
30	双面文件夹	20个	9	180	68	5号电池	2盒	10	20
31	80页资料夹	10本	24	240	69	桌牌	10个	4	40
32	拉杆夹	20个	1	20	70	双面胶（海绵）	20卷	6	120
33	板夹	10个	7.5	75	71	双面胶（大）	20卷	8	160
34	四格文件架	5组	15	75	72	双面胶（小）	20卷	8	160
35	三层文件架	4组	35	140	73	口取纸（大）	20包	9	180
36	档案袋	1500个	0.7	1050	74	口取纸（小）	20包	9	180
37	塑封膜	10包	32	320	75	小软皮本	30本	1	30
38	塑料档案盒	50个	8.5	425	76	硬皮笔记本	10本	8	80
39	订书机（小）	5个	10	50	77	直尺	5把	4	20
40	订书机（大）	1个	110	110	78	钢尺	2把	5	10
41	订书针（小）	10盒	1	10	79	长尾夹（2号）	10盒	12	120
42	订书针（大）	3盒	3	9	80	长尾夹（4号）	10盒	19	190
43	剪刀	10把	6	60	81	长尾夹（6号）	10盒	10	100
44	美工刀	5把	3	15	82	票据夹	5个	6	30
45	美工刀片	2盒	6	12	83	垫板	2块	3	6
46	回形针	50盒	1.5	75					
合计							16027		

表7-8 物业项目服务管理秩序维护与消防装备、用具计划　（单位：元）

序号	名称	数量	单价	金额	序号	名称	数量	单价	金额
1	无线对讲机	12组	650	7800	22	高空逃生救援装备	2套	140	280
2	耳机	24副	20	480	23	雨衣	6件	80	480
3	遮阳伞、伞座	2组	360	720	24	雨鞋	6双	35	210
4	防爆头盔	4顶	70	280	25	值班桌椅	2组	350	700
5	防爆盾	4个	200	800	26	交通锥筒	10个	40	400
6	夏季作训鞋	12双	90	1080	27	强光手电筒	2支	50	100
7	冬季棉皮靴	12双	170	2040	28	警戒带	2盘	30	60
8	多功能马甲	6件	260	1560	29	担架	1副	420	420
9	大头棒	6支	10	60	30	反光背心	4件	20	80
10	警棍	6支	40	240	31	扩音器	1个	150	150
11	消防头盔	4顶	85	340	32	标准岗台	1个	650	650
12	消防服	4套	200	800	33	链子锁	5组	10	50
13	消防靴	4双	35	140	34	金属探测器	2组	300	600
14	消防绳	2捆	130	260	35	便民服务车	2台	180	360
15	消防斧	2把	70	140	36	平板车	2台	350	700
16	消防桶	2个	30	60	37	双人巡逻自行车	1台	2300	2300
17	消防铁锹	8把	40	320	38	插线板（5m）	3个	50	150
18	消防扳手	2把	35	70	39	锁车器	2组	360	720
19	灭火毯	2块	45	90	40	一米警戒杆	10支	100	1000
20	白手套	20双	8	160	41	过滤式自由呼吸器	4个	35	140
21	皮手套	12双	15	180	42	消防应急包	2包	850	1700
合计						28870			

表7-9 物业项目服务管理维修设备、工具计划　（单位：元）

序号	名称	数量	单价	金额	序号	名称	数量	单价	金额
1	管钳（20寸⊖）	1把	132	132	7	内六方扳手（公制）	1把	55	55
2	管钳（14寸）	1把	93	93	8	内六方扳手（英制）	1把	55	55
3	龙门钳（80mm）	1把	130	130	9	套筒扳手	1组	485	485
4	开口扳手（公制）	1把	290	290	10	玻璃胶枪	2把	15	30
5	开口梅花扳手（英制）	1把	290	290	11	钢锯	2把	15	30
6	梅花扳手（公制）	1把	290	290	12	木工手锯	1把	105	105

⊖ 1寸＝0.033m。

第七课 物业项目服务管理基础条件、装备及设备设施计划的设计与编写

（续）

序号	名称	数量	单价	金额	序号	名称	数量	单价	金额
13	拉铆枪	1把	30	30	52	砂轮机	1台	480	480
14	黄油枪	1把	130	130	53	套丝板	1个	140	140
15	机油壶	1个	25	25	54	吸尘器（大）	1台	750	750
16	老虎钳	把	55	55	55	设备搬运车	1台	550	550
17	尖嘴钳	1把	50	50	56	网线测试器	1台	75	75
18	平口起子（8寸）	2支	12	24	57	网线制作钳	1把	110	110
19	平口起子（10寸）	2支	16	32	58	液压压线钳	1把	240	240
20	十字起子（8寸）	2支	19	38	59	端子压线钳	1把	75	75
21	十字起子（10寸）	2支	32	64	60	电工工具	5组	550	2750
22	小起子（双头，5寸）	5支	7	35	61	工具柜	1组	1800	1800
23	试电笔	6支	5	30	62	工具箱	2组	160	320
24	电缆卷线盘（50m）	2个	420	840	63	工具袋	5个	80	400
25	喷灯	1台	50	50	64	红外线测温仪	1台	150	150
26	LED手电筒	6支	50	300	65	红外线测距仪	1台	900	900
27	锤子（1.5lb⊖）	2把	18	36	66	泥工工具	1套	150	150
28	锤子（8lb）	1把	48	48	67	手推车	1个	350	350
29	木工起钉锤（1.5lb）	1把	18	18	68	电焊机（小）	1台	650	650
30	热熔机	1台	260	260	69	打磨机	1台	220	220
31	工作灯（20m线）	1台	35	35	70	高压测电器	1台	350	350
32	吸锡器	1台	18	18	71	玻璃刀	1把	30	30
33	皮老虎	1个	140	140	72	雨鞋	1双	30	30
34	60cm钢角尺	1把	15	15	73	雨衣	4件	50	200
35	钢板尺（1m）	1把	30	30	74	锉刀	1把	80	80
36	水扒子	1把	20	20	75	接地绝缘电阻表	1个	560	560
37	雨裤	1条	35	35	76	绝缘电阻表（1000V500MΩ）	1个	560	560
38	长袖防水手套	1双	20	20	77	数字万用表	1块	120	120
39	扁锉（5件套）	1组	55	55	78	钳形表	1块	150	150
40	铁皮剪刀（12寸）	1把	30	30	79	电烙铁（50W）	1个	20	20
41	剪刀	1把	8	8	80	活扳手（15寸）	1把	149	149
42	台虎钳（150mm）	1把	450	450	81	活扳手（18寸）	1把	188	188
43	4.5m合梯	1组	900	900	82	活扳手（12寸）	1把	60	60
44	铝合金合梯（2.5m）	1组	260	260	83	活扳手（10寸）	1把	45	45
45	手提切割机	1台	320	320	84	活扳手（8寸）	1把	28	28
46	角磨机	1台	290	290	85	管道疏通机	1台	550	550
47	电锤	1台	980	980	86	气泵	1台	280	280
48	电钻	1台	240	240	87	强光手电筒	2支	85	170
49	手枪钻	1台	380	380	88	值班桌椅	1组	350	350
50	充电电钻	1台	480	480	89	床垫、被褥	1套	180	180
51	冲击钻	1台	750	750	90	值班折叠床	1个	150	150
	合计					23866			

⊖ 1lb（磅）=0.45359237kg。

表 7-10　物业项目服务管理维修耗材计划　　　　　（单位：元）

序号	名称	数量	单价	金额	序号	名称	数量	单价	金额
1	黄油	1桶	45	45	18	冲击钻头	5个	5	25
2	铆钉	2盒	18	36	19	钻头	5盒	150	750
3	钢钉	1盒	5	5	20	切割片	2片	18	36
4	水龙头	2个	15	30	21	磨光片	10片	2	20
5	扎带	3卷	18	54	22	开孔器	1个	15	15
6	22W灯管	20个	5	100	23	50加厚钢丝管	50m	8	400
7	25W螺口灯泡	200个	1	200	24	20#水管	5卷	130	650
8	生胶带	20卷	1.5	30	25	麻丝	2kg	45	90
9	$1.5m^2$平行线	2卷	120	240	26	液体生料带	24个	14	336
10	$2.5m^2$铜芯线	6卷	160	960	27	PVC胶水	2瓶	8	16
11	荧光灯管	100支	8	800	28	玻璃胶	2瓶	180	360
12	电工胶布	30卷	1.5	45	29	钢钎	8支	45	360
13	高压绝缘胶布	2卷	4	8	30	膨胀管	2包	5	10
14	灰刀	2把	2	4	31	自攻丝	4盒	15	60
15	水桶	4个	15	60	32	4m塑料布	20卷	320	6400
16	塑料线卡	5盒	5	25	33	三线声控开关	100个	9	900
17	手套	10双	2	20					
合计									13090

备注：【云鼎壹号】二期服务项目装备及设备计划总金额：165918.4元。

第八课　财务管理及经费收支测算的设计与编写

第一讲　财务管理基本原则的设计与编写

一、物业服务项目财务管理基本原则的主要内容

物业服务财务管理的基本原则主要有以下 4 个方面：

1）科学、合理地设立财务管理机构、财务人员及明确工作职责与基本内容。

2）建立规范、透明的财务核算管理体系；有效控制管理成本的措施；财务分级审批管理制度；与服务委托方的财务公开制度等内容。

3）加强财务管理的职能。

4）服务管理费及代收代缴费用的收取制度与方式。

二、物业服务项目财务管理基本原则设计与编写的主要要求

物业服务项目财务管理基本原则的设计与编写主要有 3 个方面的要求：

1. 管理的系统性

财务管理系统在为企业整体管理系统服务的同时，也对财务管理的子系统进行统筹管理，共同形成企业完整的系统管理。

2. 现金收支平衡

在财务核算时贯彻的是权责发生制，而在财务管理中执行的则是收付实现制。这就要求在管理过程中做到现金收入与现金支出（现金流入与现金流出）在数量上和时间上达到动态平衡，即现金流转平衡。

3. 充分考虑风险

综合考虑、分析、衡量、计算未来可能发生的财务风险。

三、设计与编写范例

【云鼎壹号】二期物业服务财务管理基本原则

财务管理是物业服务管理正常运营的"生命线"。ZH 物业管理有限公司将严格执行国家及乌鲁木齐市有关物业服务财务及收费管理的相关规定，实现"阳光下的利润"。依法收费、依法核算、依法管理，确保物业服务管理资金的安全与效益。同时，坚持"经营状况公开"的原则，倡导"开放式管理"，实现"透明经营"。定期公布物业服务项目经营收支状况，接受广大业主的监督。

1. 合理设立财务管理机构及财务人员

为了科学有效地管理物业项目财务工作，【云鼎壹号】二期物业项目的财务工作由 ZH 物业管理有限公司财务管理部统一管理。同时，结合【云鼎壹号】二期物业项目的体量与实际工作量，将在物业项目服务中心设专职财务人员 1 名，负责物业项目的日常费用收支、代收代缴费用的办理等工作。

2. 建立规范、透明的财务管控体系

1）根据【云鼎壹号】二期物业项目的实际情况，制定切实可行的财务监督管理制度，并严格执行定期与不定期审计工作。ZH 物业管理有限公司财务管理部对【云鼎壹号】二期物业项目的财务收支及核算情况进行定期与不定期检查。

2）为有效控制管理成本，物业服务项目资金使用实行分级审批制度，公司财务资金部审核后报公司领导批准后方可使用（为提高工作效率，采用网络办公系统）。

3）物业服务中心每半年向【云鼎壹号】二期物业项目的业主自治组织提交《【云鼎壹号】二期物业项目费用收支报告》，并接受监督，回复询问。

3. 加强财务管理的职能

ZH 物业管理有限公司将充分发挥财务管理在物业服务成本管理和成本控制方面的职能作用，从加强计划、统计、成本考核等方面入手，减少各种不必要的开支和浪费，在保证服务质量的同时有效降低管理成本。

4. 物业服务费及代收代缴费用的收取制度与方式

1）物业服务费计算确认方式：当月实际应收取的物业服务费，按照物业服务合同中约定的月度服务费用标准，乘以房产证（或购房合同）中确认的收费

第八课　财务管理及经费收支测算的设计与编写

面积计算收取。

2）空置单元物业服务费计算确认方式：当月实际应收取的空置单元物业服务费，按照物业服务合同中约定的月度服务费用标准，乘以规划设计中确认的面积计算收取。

空置单元物业服务费由该项目的开发商全额负担。

3）支付方式及支付约定：物业服务费用从业主应当收到收房通知并完成收房手续之日起计收。如遇房屋质量问题或其他原因延迟收房，依据《前期物业服务合同》中约定的期限计收。

为了满足业主的服务需求，有效开展物业服务活动，业主办理入住手续时需预付半年的物业服务费。

业主入住后以半年为物业服务费交纳周期，具体时间为每次预付的物业服务费期限到期前预付下周期的物业服务费，即每次预付的物业服务费期限到期15日前预付下周期的物业服务费，以此类推。

逾期缴纳者按应缴金额3‰每日的计算标准支付违约金。

第二讲　经费收支测算的设计与编写

一、物业服务项目经费收支测算的主要内容

物业服务管理日常经费收支测算是财务管理的起点，主要包括以下内容：
1）测算依据及说明。
2）物业服务费收支测算。
3）物业服务费的盈亏分析。
4）增收节支的具体措施。

经济效益测算部分是整个规划设计核心内容的重中之重，因为财务收支测算及经济效益分析是决定一个物业服务项目成败的基础因素之一。

二、物业服务项目经费收支测算设计与编写的主要要求

在进行设计规划时需要注意：测算过程中要坚持财务管理的谨慎性原则，最大限度地估计未来可能发生的风险，尤其是各种潜在的经济财务风险，合理

并切合实际地确定未来的实际收入水平。同时，在新的地区接管项目要充分考虑地域间的差别，尤其是风俗文化间的差异，根据项目所在地的客观情况科学地做出分析，避免主观判断可能带来的影响，并确定恰当的不可预测风险准备金。

三、设计与编写范例

【云鼎壹号】二期物业服务经费收支测算

1. 测算依据及说明

（1）物业服务项目的收支测算的主要依据

1）国家、乌鲁木齐市及相关部门有关物业服务的法规和文件。

2）ZH 地产公司提供的《物业服务招标书》中原始数据和有关要求。

3）ZH 物业管理有限公司从事物业服务工作所积累的经验数据。

4）乌鲁木齐市物业服务市场相关历史资料与数据。

（2）物业服务收费支持性法律、法规、制度及文件

1）国家立法机构、国务院及部委颁布、下发的法律、法规、制度及文件：

①《中华人民共和国物权法》。

②《中华人民共和国合同法》。

③《中华人民共和国招标投标法》。

④《中华人民共和国消防法》。

⑤《中华人民共和国消费者权益保护法》。

⑥《中华人民共和国民事诉讼法》。

⑦《中华人民共和国仲裁法》。

⑧《中华人民共和国民法通则》。

⑨《物业管理条例》。

⑩《城市市容和环境卫生管理条例》。

⑪《中华人民共和国招标投标法实施条例》。

⑫《城市绿化条例》。

⑬《最高人民法院关于审理建筑物区分所有权纠纷案件具体应用法律若干问题的解释》。

第八课 财务管理及经费收支测算的设计与编写

⑭《最高人民法院关于审理物业服务纠纷案件具体应用法律若干问题的解释》。

⑮《最高人民法院关于适用〈中华人民共和国民事诉讼法〉若干问题的意见》。

⑯《最高人民法院《关于民事经济审判方式改革问题的若干规定》。

⑰《物业服务企业资质管理办法》。

⑱《物业承接查验办法》。

⑲《住宅专项维修资金管理办法》。

⑳《房屋建筑工程质量保修办法》。

㉑《物业服务收费管理办法》。

㉒《住宅室内装饰装修管理办法》。

㉓《普通住宅小区物业管理服务等级标准》。

2) 地方政府颁布、下发的法规、制度及文件：

① 乌鲁木齐市人民政府 2002.5.1 颁布的《住宅室内装饰装修管理办法》。

② 乌鲁木齐市人民代表大会常务委员会 2003.5.26 颁布的《乌鲁木齐市城市市容和环境卫生管理条例》。

③ 乌鲁木齐市人民政府 2005.12.20 颁布的《乌鲁木齐市养犬管理规定实施办法》。

④ 新疆维吾尔自治区人民政府 2006.11.22 颁布的《新疆维吾尔自治区城市供热供水供气管理办法》。

⑤ 乌鲁木齐市人民政府 2006.12.30 颁布的《乌鲁木齐市生活饮用水二次供水卫生监督管理办法》。

⑥ 新疆维吾尔自治区人民代表大会常务委员会 2011.3.25 颁布的《新疆维吾尔自治区消防条例》。

⑦ 乌鲁木齐市人民代表大会常务委员会 2011.4.18 颁布的《乌鲁木齐市物业管理条例》。

⑧ 乌鲁木齐市人民政府 2012.2.1 颁布的《乌鲁木齐市机动车停车场管理条例》。

⑨ 新疆维吾尔自治区发展和改革委员会会同住房和城乡建设厅 2012.11.21 颁布的《新疆维吾尔自治区物业服务收费管理办法》。

⑩ 乌鲁木齐市人民代表大会常务委员会 2013.5.29 颁布的《乌鲁木齐市城

市热力管理条例》。

⑪ 新疆维吾尔自治区住房和城乡建设厅 2013.6.6 颁布的《住宅物业服务标准》。

⑫ 乌鲁木齐市住房保障和房产管理局 2013.7.25 颁布的《乌鲁木齐市物业服务企业退出物业服务项目管理办法》。

⑬ 乌鲁木齐市人民代表大会常务委员会 2015.1.10 颁布的《乌鲁木齐市燃气管理条例》。

(3)【云鼎壹号】二期物业项目周边市场调研资料

ZH 地产有限公司开发的【云鼎壹号】二期物业项目计划于 2016 年 3 月 1 日认筹，于 2016 年 7 月 1 日开盘销售。

由于该项目位于新疆维吾尔自治区乌鲁木齐市米东区，项目周边商业配套发展还不十分成熟，经过周边物业服务市场调研，物业服务费标准为高层普通住宅 2~2.5 元/m^2·月，商业用房 3~4 元/m^2·月。

结合 ZH 地产开发品牌效应与 ZH 物业服务品质要求，【云鼎壹号】二期项目拟定物业服务费标准如下：高层住宅 2.5 元/m^2·月，商业用房 4 元/m^2·月。

《【云鼎壹号】二期周边同类项目物业服务费收费标准调研报告》见附录 5。

2. 物业服务费收支测算

(1)【云鼎壹号】二期物业服务月度成本测算

【云鼎壹号】二期物业服务月度成本测算具体内容见表 8-1 和表 8-2。

表 8-1　月度成本费用测算表　　　　　　　　　　（单位：元）

序号	成本费用项目	计算方法	支出费用
一、人工费用			
1	员工工资及福利	员工月工资及福利总额具体数据见表 8-2《月度人员经费测算表》	129161.09
2	员工培训费、活动费	100 元/人·年	358.33
	小计		129514.42
二、综合管理费用			
3	综合办公费	包括办公用品及耗材 12000 元/年、业务招待费 6000 元/年	1500.00
4	邮电通信费	包括固话 100 元/月、网络费 70 元/月、管理人员通信费 100 元/人·月、快递费 100 元/月	670.00

第八课　财务管理及经费收支测算的设计与编写

（续）

序号	成本费用项目	计算方法	支出费用
二、综合管理费用			
5	交通差旅费	包括市内交通费 250 元/月，外出培训差旅费 10000 元/年	1083.33
6	物业设备折旧费	开办采购之外的办公设备	1800.00
7	公众责任保险费	物业共用部位、共用设施设备及公众责任保险 8000 元/年	666.67
	小计		5720.00
三、共用设备设施日常维护费			
8	电梯维保费	包括高层 370 元/部·月×17 部、小高层 320 元/部·月×8 部，消防弱电维护费 0.8 元/m²·年×总建筑面积	18242.23
9	电梯年检费	包括高层 1800 元/部·年×17 部、小高层 1200 元/部·年×8 部	3350.00
10	设备维修耗材	设施、路面修复及维护、日常零星修缮及养护费用	3300.00
	小计		24892.23
四、共用水、电及采暖费			
11	电费	包括公共区域水景水池、路灯、草坪灯、监控系统、消防系统、红外线对射系统等电力设备，根据单位额定功率计算	42442.43
12	水费	包括园区景观用水、绿化用水、保洁用水水费	3448.89
13	采暖费	物业用房采暖面积 173 m²、收费标准 22 元/m²·年	317.17
	小计		46208.49
五、清洁绿化费用			
14	清洁外包费用	共计 17 人，其中保洁员 13 人、绿化工 3 人，费用标准 2800 元/人·月，保洁领班 1 人，费用标准 3000 元/人·月，物料消耗 4000 元/月	51800.00
	小计		51800.00
六、社区文化活动费用			
15	社区文化费用	包括社区文化布置 10000 元/年、业主联谊 14000 元/年、VI 标识制作费用 12400 元/年	3033.33
	小计		3033.33

(续)

序号	成本费用项目	计算方法	支出费用
		七、安管物资费用	
16	安管装备物资费用	包括安管装备物资费用及消防物资费用	1730.56
	小计		1730.56
	八、不可预见费用	按照总成本（不包括管理酬金及税金）3%计算。	7887.12
	九、管理酬金	按照收入额10%计算。	32738.74
	十、主营税金及附加	按照收入额6.72%计算。	22000.43
	合计		325530.32

(2)【云鼎壹号】二期物业服务月度收入测算

【云鼎壹号】二期物业服务月度物业服务费收入总额：327387.40元，其中：

1）住宅物业服务费收入 = 106446.92m² × 2.5元/m²·月 × 98% = 260796.95元

2）商业物业服务费收入 = 2087.87m² × 4元/m²·月 × 98% = 8184.45元

3）室内车位服务费收入 = 596个 × 100元/个·月 × 98% = 58408.00元

备注：

①"98%"是指收费率达到98%；②室内车位服务费收费标准100元/个·月，依据住宅物业服务费标准，按照车位面积（加公摊）计算。

(3)【云鼎壹号】二期物业服务月度收支结余

经过科学测算与认真计算，【云鼎壹号】二期物业项目月度物业服务费收支结余为：1857.08元。即

收入 − 支出 = 327387.40 − 325530.32元 = 1857.08元

3. 物业服务费的盈亏分析

(1)结余的原因分析

1）ZH物业管理有限公司，依靠ZH物业服务品牌效应，提供国内一流的高品质物业服务。在保证业主满意度符合公司标准要求的前提下，在各个经营年度内物业服务费的收缴率将达到98%以上。

2）通过集团采购、节能降耗以及设备设施日常的有效管理等措施，最大限度地直接降低运营成本。

3）通过一人多岗、一专多能，管理人员一线顶岗等措施，充分发挥人力资源潜力，最大限度地降低人员成本。

第八课　财务管理及经费收支测算的设计与编写

表 8-2　月度人员经费测算表

单位：元

岗 位	人数	工资标准	社 保	公积金	高低温补贴（10元/天 预计全年发放50天）	过节费分摊（1000元/人/年）	生日分摊（100元/人/年）	体检分摊（150元/人/年）	联谊分摊（200元/人/年）	年终奖分摊	人工单价	合 计
项目经理	1	5750.00	969.00	254.00	41.67	83.33	8.33	12.50	16.67	2500.00	9635.50	9635.50
客服主管	1	3500.00	904.40	185.00	41.67	83.33	8.33	12.50	16.67	583.33	5335.23	5335.23
安管主管	1	3850.00	904.40	185.00	41.67	83.33	8.33	12.50	16.67	583.33	5685.23	5685.23
工程主管	1	4400.00	904.40	185.00	41.67	83.33	8.33	12.50	16.67	583.33	6235.23	6235.23
客服专员	2	2650.00	861.76	106.00	41.67	83.33	8.33	12.50	16.67	220.83	4001.09	8002.19
收费员	1	2650.00	861.76	106.00	41.67	83.33	8.33	12.50	16.67	220.83	4001.09	4001.09
安管副主管	1	3500.00	861.76	106.00	41.67	83.33	8.33	12.50	16.67	291.67	4921.93	4921.93
安管员	12	3200.00	861.76	106.00	41.67	83.33	8.33	12.50	16.67	266.67	4596.93	55163.12
维修技工	6	3600.00	861.76	106.00	41.67	83.33	8.33	12.50	16.67	300.00	5030.26	30181.56
总计	26											129161.08

4）通过"一拖N"管理模式，以一个管理中心辐射管理整个区域，最大限度地降低综合类管理费用。

(2) 实现长期盈利的思路

1）通过不断提升业主满意度，保持稳定的物业服务费收缴率。

2）通过专业化的物业服务，开拓有偿服务经营项目，实现"以业养业"。

3）随着ZH地产房地产开发项目的深入发展，通过"1拖N"的服务管理模式，在提供品质化物业服务的前提下，逐步实现长期规模效应。

(3) 实现间接利润

物业服务的间接品牌利润非常巨大，尤其是对于房产公司投资设立，专门为自己的房产提供相应物业服务的专属物业服务供应商。

物业服务的间接利润需要经过一个长期的市场培育、营销过程才能够实现。只有经过对业主长期的精心专业服务，才能够打动业主的心，形成市场口碑效应，促进房产销售，实现物业服务的间接利润。

以极具市场口碑的、高品质的物业服务树立购房者（准业主）对购买行为的信心，使物业服务的间接利润在房产销售环节得以实现。

4. 增收节支的具体措施

1）根据【云鼎壹号】二期物业服务的实际需求，不断拓展有偿服务项目，利用现有条件及创造条件，开展商务经营活动，以增加收入。其商务运营计划见表8-3。

表8-3　商务运营计划

类别	社区经营项目
公共区域广告	项目入伙后，在小高层、高层的电梯安装电梯广告及电梯保护膜广告；在项目入伙半年内安装园区出入口处的灯箱广告，选择性安装道闸广告、地下车库入口处的灯箱广告或园区内的LED广告
通信服务	在项目入伙前，联系移动、联通及电信运营商对园区内信号覆盖情况进行测试，对于信号较差的情况联系运营商进行信号覆盖；在项目入伙一年内，对宽带业务进行拓宽，保证至少两家宽带可供业主选择
公共区域场地租赁	在项目入伙两年内或根据实际情况，可引入砂子水泥、废品回收、阳台封装、家装设计、五金杂项等商家进行长期扎点摆展
临时性摆展	在项目入伙且入住人员可满足商户临时摆展需求后，可由管理处发起申请开展临时摆展服务

第八课 财务管理及经费收支测算的设计与编写

(续)

类　别	社区经营项目
房屋经纪	在项目入伙之后即可开展房屋经纪业务。在项目集中入伙及零星入伙期间，即设立租售服务咨询及宣传，对于有租售房屋意向的业主免费进行登记，由租售合作商家统一指导，与兼职人员共同开展业务
家政服务	在项目入伙阶段开始阶段，即设立家政服务咨询及宣传，实现提前预约及快速办理会员，为业主提供开荒保洁、日常保洁、特约开换锁、专项保洁等服务
海惠理想家服务	项目为刚需精装户型，可在入伙前引入定位中端的家具、壁纸、窗帘、电器等服务，通过海惠理想家平台进行发布，为业主提供入住一条龙的服务。服务周期约为一年
其他便民配套设施	在物业客户服务中心设立银联商务全民付POS机，可实现购电、信用卡还款、话费充值、银行卡转账、违章缴费等功能；在园区内设立快递柜，为业主实现24h快递收发服务；在园区内安装自动售货机，满足业主24h购买需求。

2）导入绩效文化，推行绩效考核机制，将成本控制指标完成情况与员工的经济利益直接挂钩，增强员工的成本意识，提高员工控制成本的积极性和主动性。

3）严格控制办公用品的消耗，坚持物尽其用的原则，节约办公费用开支。

4）加强物料采购、使用、保管、审批等程序的管理和物料成本的控制。

5）加强设备管理养护，使之保持良好状态，减少维修支出，降低返修费用。

6）强化公司总部对物业项目的资金和物资使用的监督职能，制定严格的管理制度，强化物业服务中心对各项财物消耗过程的管理。

7）最大限度发挥公司集团采购降低成本的优势。

第九课　物业管理前期介入与承接查验工作计划的设计与编写

第一讲　物业管理前期介入工作计划的设计与编写

一、物业管理前期介入工作计划设计与编写的主要内容

物业管理前期介入工作计划的主要内容包括：规划设计阶段、营销策划阶段、施工图纸会审阶段以及现场施工跟进阶段物业管理前期介入工作的具体内容。

物业管理的前期介入，是从满足业主使用功能以及完善后续物业服务管理的角度，对房地产建设开发提出合理的意见和建议的前期准备工作。

物业管理的前期介入，除了对物业管理本身具有现实意义之外，还具有促进房地产开发成熟、健康、持续发展的辅助作用。

二、物业管理前期介入工作计划设计与编写的主要要求

对未来即将接管并实施服务的物业服务项目进行前期介入，是物业服务的基础工作之一，需要规划设计具体、详细、实用性强的工作计划。同时，这也是影响物业服务能够良性运行的一个关键环节，尤其是要突出实效性，从满足业主使用与方便物业服务两个需求角度出发，为今后的物业服务奠定稳定的基础。

三、设计与编写范例

【云鼎壹号】二期物业管理前期介入工作计划

1.【云鼎壹号】二期物业管理前期介入的作用

【云鼎壹号】二期物业项目物业服务管理前期介入应当发挥以下6个方面重

要的作用：

(1)"优化"

通过物业服务管理的前期介入，有利于从满足日后业主实际使用的角度，优化与完善物业公共部位、配套设施设备以及相关场地的设计与使用功能。

(2)"保障"

通过物业服务管理的前期介入，有利于从建立多一重质量保障方面，保证与提高物业本体的工程设计施工建造质量。

(3)"熟悉"

通过物业服务管理的前期介入，有利于在实施物业服务管理前，预先熟悉并了解物业的实际情况，提高日后物业服务管理工作的效率与品质。

(4)"增效"

通过物业服务管理的前期介入，有利于从增强物业使用功能的系统性与完备性方面，促进房地产开发建设的经济效益与社会效益。

(5)"提前"

通过物业服务管理的前期介入，有利于物业服务企业能够提前熟悉相关设备设施状况，为后期的物业服务管理做好基础资料与专业技术的准备。

(6)"节费"

从物业服务角度出发，通过保障工程建造施工质量，有效地减少接管验收时返修的工作量，降低房地产开发成本与后期物业服务管理成本。

通过以上物业服务管理前期介入工作6个方面的重要作用，可以充分地体现出此项工作对于房地产开发与物业服务管理的双重现实意义。

2.【云鼎壹号】二期物业管理前期介入的内容与程序

物业管理前期介入工作，主要是对规划总图、电气设备、给排水工程、消防工程、门窗工程、装饰工程、砌筑工程、楼面屋面工程、回填土工程、地下室工程、绿化工程、景观工程等内容进行前期参与介入。

物业管理前期介入体现在房产开发的各个阶段，包括项目定位、规划设计、营销策划、施工建造、竣工验收等不同阶段。这是从物业服务管理与业主使用两个角度对物业的环境布局、功能规划、楼宇设计、材料选用、设备选型、配套设施、管线布置、施工质量、竣工验收等方面提出意见与建议。

物业管理前期介入主要分为3个阶段进行。

(1) 规划设计阶段物业管理前期介入的内容

对总体规划、安保设计、消防设计、交通设计、生活配套设计、设备配套设计、新材料、新工艺与新技术的引进、物业管理用房设计、生态环保设计、公共空间设计、景观配置设计、绿化配置设计、户内配置设计、智能化设计等方面的内容，从满足业主使用与有利于物业服务管理两个角度出发，提出完善与优化的意见与建议。

(2) 营销策划阶段物业管理前期介入的内容

通过物业服务管理方案的策划，物业服务管理经营状况的测算，沙盘与规划设计的核对，《前期物业服务合同》《临时管理规约》的签订，物业服务管理模式的推广以及销售过程的引导与监督等前期介入工作，从满足业主使用与有利于物业服务管理两个角度出发，提出完善与优化的意见与建议。

(3) 施工建设阶段物业管理前期介入的内容

对电气设备、给排水工程、消防工程、门窗工程、装饰工程、砌筑工程、楼面屋面工程、回填土工程、地下室工程、绿化工程、景观工程等方面的施工建造，从满足业主使用与有利于物业服务管理两个角度出发，提出完善与优化的意见与建议。

3. 【云鼎壹号】二期物业管理前期介入工作程序

【云鼎壹号】二期物业管理前期介入的工作程序，如图9-1所示。

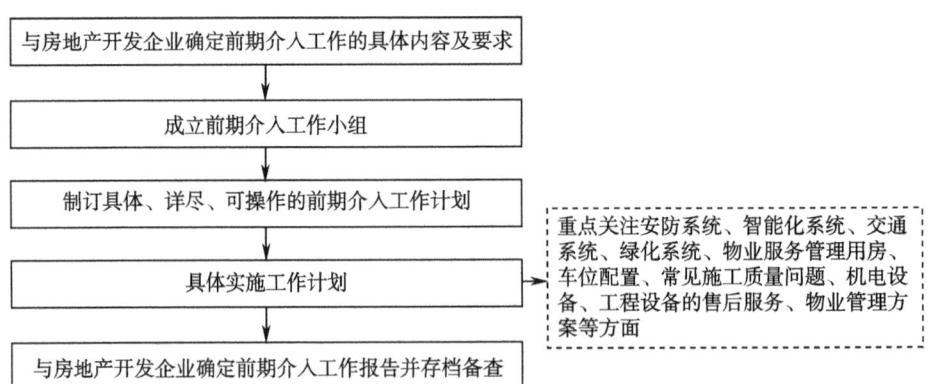

图9-1 前期介入工作流程

第九课　物业管理前期介入与承接查验工作计划的设计与编写

第二讲　物业承接查验工作计划的设计与编写

一、物业承接查验工作计划设计与编写的主要内容

物业承接查验工作计划的主要内容有：物业承接查验的基本原则、物业承接查验的条件、物业承接查验的依据、物业承接查验的程序、物业承接查验的方法、物业管理承接的内容、物业承接查验的准备工作、物业承接查验的问题处理、物业承接查验中需要注意的问题。

二、物业承接查验工作计划设计与编写的主要要求

物业的承接查验工作如果处理不当，如没有科学合理地解决开发商的遗留问题，将对今后长期、持续的物业服务工作产生难以消除的负面影响，因此，对此项工作计划的具体设计规划，要采取严谨、科学与合理的态度。

三、设计与编写范例

【云鼎壹号】二期物业承接查验工作计划

1. 物业承接查验的基本原则

承接查验这一物业服务起始环节对今后长期物业服务管理工作的作用非常重要，这是后期物业服务各项工作的基础。因此，一个成熟的房地产开发企业，一个专业的物业服务企业都会非常重视这项工作。

《物业承接查验办法》第三条明确：物业承接查验应当遵循诚实信用、客观公正、权责分明以及保护业主共有财产等四项基本原则。

物业承接查验的具体原则：

（1）诚实信用

建设单位应当按照国家有关规定和物业买卖合同的约定，移交权属明确、资料完整、质量合格、功能完备、配套齐全的物业。

（《物业承接查验办法》第九条）

(2) 客观公正

物业承接查验可以邀请业主代表以及物业所在地房地产行政主管部门参加，可以聘请相关专业机构协助进行，物业承接查验的过程和结果可以公证。

(《物业承接查验办法》第三十一条)

(3) 权责分明

现场查验应当形成书面记录。查验记录应当包括查验时间、项目名称、查验范围、查验方法、存在问题、修复情况以及查验结论等内容，查验记录应当由建设单位和物业服务企业参加查验的人员签字确认。

(《物业承接查验办法》第十九条)

(4) 保护业主共有财产

现场查验中，物业服务企业应当将物业共用部位、共用设施设备的数量和质量不符合约定或者规定的情形，书面通知建设单位，建设单位应当及时解决并组织物业服务企业复验。

(《物业承接查验办法》第二十条)

2. 物业承接查验的条件

实施承接查验的物业，应当具备以下条件：

1) 建设工程竣工验收合格，取得规划、消防、环保等主管部门出具的认可或者准许使用文件，并经建设行政主管部门备案。

2) 供水、排水、供电、供气、供热、通信、公共照明、有线电视等市政公用设施设备按规划设计要求建成，供水、供电、供气、供热已安装独立计量表具。

3) 教育、邮政、医疗卫生、文化体育、环卫、社区服务等公共服务设施已按规划设计要求建成。

4) 道路、绿地和物业服务用房等公共配套设施按规划设计要求建成，并满足使用功能要求。

5) 电梯、二次供水、高压供电、消防设施、压力容器、电子监控系统等共用设施设备取得使用合格证书。

6) 物业使用、维护和管理的相关技术资料完整齐全。

7) 法律、法规规定的其他条件。

(《物业承接查验办法》第十一条)

3. 物业承接查验的依据

实施物业承接查验，主要依据下列文件：

1）物业买卖合同。
2）临时管理规约。
3）前期物业服务合同。
4）物业规划设计方案。
5）建设单位移交的图纸资料。
6）建设工程质量法规、政策、标准和规范。

(《物业承接查验办法》第十二条)

建设单位制定的临时管理规约，应当对全体业主同意授权物业服务企业代为查验物业共用部位、共用设施设备的事项做出约定。

(《物业承接查验办法》第七条)

建设单位与物业服务企业签订的前期物业服务合同，应当包含物业承接查验的内容。

前期物业服务合同就物业承接查验的内容没有约定或者约定不明确的，建设单位与物业服务企业可以协议补充。不能达成补充协议的，按照国家标准、行业标准履行；没有国家标准、行业标准的，按照通常标准或者符合合同目的的特定标准履行。

(《物业承接查验办法》第八条)

4. 物业承接查验的程序

物业承接查验应当按照流程进行，具体工作流程如图9-2所示。

5. 物业承接查验的方法

《物业承接查验办法》第十八条明确：物业现场查验应当综合运用核对、观察、使用、检测和试验等方法，重点查验物业共用部位、共用设施设备的配置标准、外观质量和使用功能。

物业的承接查验主要以现场核对的方式进行，在现场检查、设备调试等情况下还可采用感观查验、试用查验、试验查验和检测查验等具体方法进行检查。

（1）核对查验

核对查验是核对查验对象的数量，检验是否符合法律、法规及设计规范的要求。

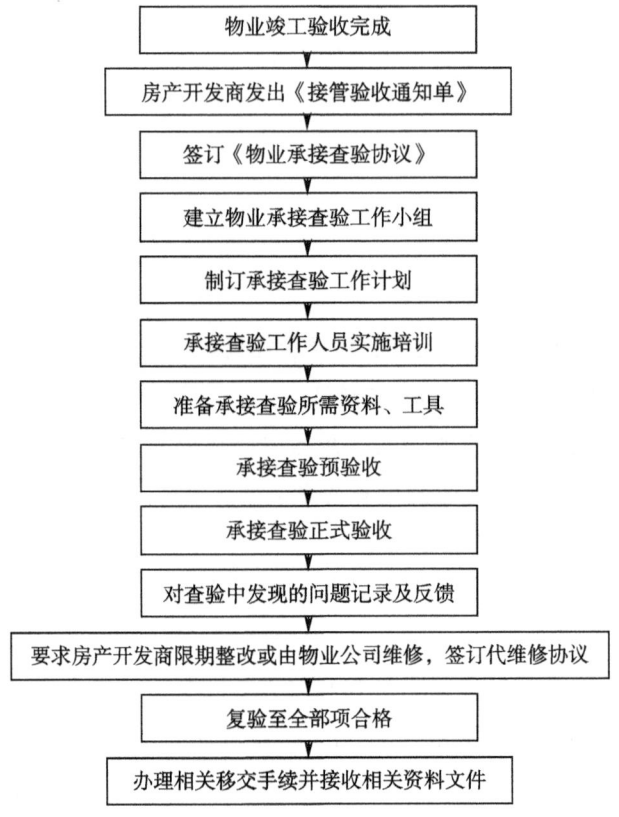

图 9-2 物业承接查验具体工作流程

（2）感观查验

感观查验是对查验对象的外观进行的检查，一般采取目视、触摸等方法进行。

（3）试用查验

试用查验是通过启用设施或设备来直接检验被检查对象的安装质量和使用功能，以便能直观地了解其符合性、舒适性和安全性等性能。

（4）试验查验

试验查验是指通过必要的试验方法（如通水、通电、闭水试验等）测试相关设施设备的性能。

（5）检测查验

检测查验是通过运用仪器、仪表、工具等对检测对象进行测量，以检测其是否符合质量要求。

需要注意的是，物业承接查验与竣工验收有一点重要的差别，承接查验不能抽样查验，必须全面清点与查验。

6. 物业承接查验的内容

（1）物业承接查验需要移交的资料

现场查验 20 日前，建设单位应当向物业服务企业移交下列资料：

1）竣工总平面图，单体建筑、结构、设备竣工图，配套设施、地下管网工程竣工图等竣工验收资料。

2）共用设施设备清单及其安装、使用和维护保养等技术资料。

3）供水、供电、供气、供热、通信、有线电视等准许使用文件。

4）物业质量保修文件和物业使用说明文件。

5）承接查验所必需的其他资料。

未能全部移交前款所列资料的，建设单位应当列出未移交资料的详细清单并书面承诺补交的具体时限。

（《物业承接查验办法》第十四条）

物业服务企业应当对建设单位移交的资料进行清点和核查，重点核查共用设施设备出厂、安装、试验和运行的合格证明文件。

（《物业承接查验办法》第十五条）

物业承接查验移交资料时需要注意以下问题：

1）项目建设资料（如建筑工程竣工消防审核意见书、供暖合同等）、物业产权资料（如规划许可证、用地红线图等）、建筑工程技术资料（如沉降记录等）、合同资料（如设备购买安装合同等），移交复印件。

2）各类保证资料（如设备保修卡、合格证等），物业管理运行所需的技术资料（如设备参数、配件清单、产品说明书、运行许可证等），移交原件。

（2）物业共用部位、共用设施设备的查验

物业服务企业应当对下列物业共用部位、共用设施设备进行现场检查和验收：

1）共用部位：一般包括建筑物的基础、承重墙体、柱、梁、楼板、屋顶以及外墙、门厅、楼梯间、走廊、楼道、扶手、护栏、电梯井道、架空层及设备间等。

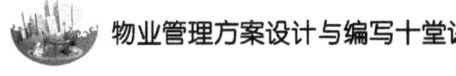

2) 共用设备：一般包括电梯、水泵、水箱、避雷设施、消防设备、楼道灯、电视天线、发电机、变配电设备、给水排水管线、电线、供暖及空调设备等。

3) 共用设施：一般包括道路、绿地、人造景观、围墙、大门、信报箱、宣传栏、路灯、排水沟、渠、池、污水井、化粪池、垃圾容器、污水处理设施、机动车（非机动车）停车设施、休闲娱乐设施、消防设施、安防监控设施、人防设施、垃圾转运设施以及物业服务用房等。

(《物业承接查验办法》第十六条)

(3) 物业专用部位、专用设施设备的查验

物业服务企业应当对下列物业专用部位、专用设施设备进行现场检查和验收：

1) 专用部位：一般指户门以内专属于业主所有的部位。包括：承重墙体、隔墙、柱、梁、墙面、地面、门厅、走廊等。

2) 专用设备：一般包括供水设备、排水设备、取暖设备、照明设备、网络通信电视设备、配电设备等。

3) 专用设施：一般包括进户门、自用阳台、户内门、窗等。

(4) 物业园林绿化工程的查验

园林绿化分为园林植物和园林建筑两方面的内容。

物业的园林植物一般有花卉、树木、草坪、绿（花）篱、花坛等，园林建筑主要有小品、花架、园廊等，这些都是园林绿化的查验内容。

(5) 其他公共配套设施的查验

物业其他公共配套设施查验的主要内容有：值班执勤等专用岗亭、社区活动中心、各类配套商业会所、游泳池、运动专用场地及设施、物业标识等。

建设单位应当依法移交有关单位的供水、供电、供气、供热、通信和有线电视等共用设施设备，不作为物业服务企业现场检查和验收的内容。

(《物业承接查验办法》第十七条)

7. 物业承接查验的准备工作

物业承接查验的准备工作主要包括6个方面：

(1) 确定实施启动

物业承接查验工作通常是由房产开发商提出需求，房产开发商的工程部门

第九课　物业管理前期介入与承接查验工作计划的设计与编写

负责牵头,在政府有关部门竣工验收完成后一周之内开始进行。

物业服务企业在收到房产开发商发出的《接管验收通知单》后,首先,需要确认是否符合物业承接查验的条件,在符合条件的基础上,与房产开发商签订《物业承接查验协议》,确定承接查验工作正式启动。

(2) 建立组织机构

1) 建立工作领导小组。

在确定正式启动承接查验工作之后,物业服务企业需要成立专门的物业承接查验专项工作领导小组。领导小组通常由物业公司主管承接查验工作的副总经理担任领导小组组长,该项目的物业经理担任领导小组副组长,领导小组成员分别包括:工程管理部主管、秩序维护部主管、客户维护部主管、环境维护主管等。

2) 专业技术人员准备。

物业承接查验是一项技术要求高、专业性强,对日后物业服务管理有较大影响的重要基础工作之一。因此,物业服务企业在实施承接查验工作之前,应当根据承接物业的业态与特点,结合物业项目的具体情况,与建设单位共同组成联合查验机构,并做好相关专业技术人员的准备工作。

具体人员安排通常包括:

① 物业资料查验小组:可由客户服务部主管负责,组员包括若干名资料员(可指定客服员兼任)、若干名复核员(由工程技术人员担任)。

② 物业共用部位、共用设施设备查验小组:由工程管理部主管负责,组员包括若干名土建技工、给水排水技工、电气技工等。

③ 物业专用部位、专用设备设施查验小组:可根据物业项目的规模分为若干个查验小组(可按照毛坯房每天每组查验40~50套,精装房20~30套分配查验任务量,初次查验的期限按5~7天计算),分别由工程技术骨干负责,每组配备查验人员若干人。

④ 园林绿化工程查验小组:通常由环境维护主管负责,也可由园林绿化专业管理部门的负责人负责。组员包括若干名园林绿化技工。

(3) 工作计划准备

物业服务企业应当事先制订具体、详细的物业承接查验具体实施工作计划方案,以便承接查验工作能够顺利实现预期目标。

物业承接查验的工作计划通常由承接查验工作领导小组，结合物业服务企业的工作经验来制订，具体内容包括：

1）与房产开发商、建设施工单位协商并确定承接查验的日期、时间及具体的实施进度安排。

如确定现场踏勘的日期；预验收、正式验收、复验的时间进度安排。

2）要求建设单位在承接查验之前三日内提供、移交物业的详细清单、建筑图纸、相关单项或综合验收证明材料。

3）事先进行现场踏勘，为承接查验做好各方面前期计划准备工作。

(4) 人员技术培训

1）同类物业项目培训。采取实际顶岗的方式，提前在公司所属的同类型其他物业服务项目实地操作培训1次以上。

2）本项目现场培训。结合即将承接查验物业项目的实际情况，进行有针对性的培训。

(5) 查验资料准备

在正式开展承接查验工作之前，应结合历史经验，根据实际情况制订查验工作流程和记录表单。

在物业的承接查验过程中，应依据相关法律法规，做好必要的查验工作记录。

1）工作流程，如《物业承接查验工作流程》《物业承接查验的内容及方法》《承接查验发现问题的处理流程》等。

2）记录表单，如《工作联络登记表》《物业承接查验记录表》《物业工程质量问题统计表》《物业工程质量问题整改记录表》等。

3）法律法规，如《房屋接管验收参考标准》《建设工程质量管理条例》等。

(6) 设备工具准备

在物业的承接查验过程中，需要采取一些必要的技术方法来查验承接物业的质量情况，事先应当根据物业项目的具体情况，提前准备好查验过程中所需要的检验设备、器材、仪器和工具。

例如，捣锤、卷尺、靠尺、电笔、万用表、接地电阻测试仪、红外线测温仪、长短梯、钥匙板以及其他用品。

8. 物业承接查验的问题处理

（1）物业承接查验的问题

物业承接查验的问题主要分为两种情况：一种，是由于施工过程中的施工质量不符合标准所致。这类问题应当依据《房屋建筑工程质量保修办法》的相关规定，由建设开发单位督促施工单位负责整改。另一种，是由于物业规划、设计中的缺陷，导致物业功能不足、使用不便、运行维护缺乏经济性，这类问题应当由建设开发单位负责修改设计，改造或增补相应设施。

（2）物业承接查验的记录

依据《物业承接查验办法》第十九条规定，现场查验应当形成书面记录。物业查验记录应当包括查验时间、项目名称、查验范围、查验方法、存在问题、修复情况以及查验结论等内容。查验记录应当由建设单位和物业服务企业参加查验的人员签字确认。

（3）物业承接查验的问题处理

依据《物业承接查验办法》第二十条规定，现场查验中，物业服务企业应当将物业共用部位、共用设施设备的数量和质量不符合约定或者规定的情形，书面通知建设单位，建设单位应当及时解决并组织物业服务企业复验。

1）一般缺陷的返修。

对承接查验过程中发现的非结构性质量缺陷（一般缺陷），物业服务企业应当于两日内将检查记录提交房产开发商，并出具书面整改函件，要求房产开发商责成建设施工单位限期整改，并进行复验，直至整改合格为止。

根据具体情况，也可以与房产开发商协商，由物业服务企业代为返修，维修费用由房产开发商支付。

2）房屋结构的加固补强。

对承接查验过程中发现的房屋结构性质量缺陷，设备设施使用中存在的安全质量问题，物业服务企业应当于两日内将检查记录提交房产开发商，并出具书面整改函件，要求房产开发商责成建设施工单位限期加固补强，并进行复验，直至整改合格为止。

同时，物业服务企业应当要求房产开发商提交加固补强的具体措施与相关记录，并存档备查。

3）不具备使用功能情况的处理。

对承接查验过程中发现的由于房屋配套设施脱节和附属工程未完工，以及由于水、电、气等外部管线未接通，致使房屋、设备、场地不具备正常使用功能，而导致业主无法使用或物业服务管理工作无法正常运行时，应当立即向房产开发商提交函件，暂停承接查验，直至符合承接查验基本条件后再进行。

同时，对相关情况进行记录，并存档备查。

（4）物业承接查验协议

《物业承接查验办法》第二十一条规定：建设单位应当委派专业人员参与现场查验，与物业服务企业共同确认现场查验的结果，签订物业承接查验协议。

《物业承接查验办法》第二十二条规定：物业承接查验协议应当对物业承接查验基本情况、存在问题、解决方法及其时限、双方权利义务、违约责任等事项做出明确约定。

《物业承接查验办法》第二十三条规定：物业承接查验协议作为前期物业服务合同的补充协议，与前期物业服务合同具有同等法律效力。

9. 物业承接查验中需要注意的问题

在物业承接查验过程中应当注意以下几方面问题：

1）对于前期介入工作中提出的完善物业使用功能与有利于物业服务管理的建议，进行认真复核，对尚未完成项应当要求房产开发商采取补救措施，并存档备查。

2）要求房产开发商提交土建工程、装饰工程、市政工程、设备安装工程、绿化工程等主体以及配套工程的施工、承包单位名称与地址，工程项目名称、工程负责人的联系方式、工程保修期限等清单资料，并存档备查。

3）将施工剩余的建材保存备用。

4）对采用的非常用建材、设施设备，要求房产开发商提交施工、承包单位名称与地址，工程施工项目名称、工程负责人的联系方式、工程保修期限等清单资料，并存档备查。

5）对有可能影响业主使用或影响物业服务管理工作正常运行的配套设施，如物业大门、值班岗亭、围墙、道路、广场、社区活动中心、停车场（库、棚）、游泳池、运动场地、垃圾屋及中转站、休闲娱乐设施等进行认真查验，规避物业服务管理风险。

6）对公共设施如商业会所、幼儿园、停车位等产权进行确认，避免日后发生争议。

第九课　物业管理前期介入与承接查验工作计划的设计与编写

7）向房产开发商建议，取得物业服务企业对小区房屋建筑物、设备设施以及场地正常使用的认可，作为向施工单位支付工程款项的依据。

8）与房产开发商确认，物业承接查验完成不是小区房屋建筑物、设备设施以及场地符合国家以及设计建设标准的依据，规避相关物业服务管理纠纷。

第十课　服务品质提升方案的设计与编写

一、服务品质提升方案的主要内容

服务品质提升方案，主要是针对后期物业服务正常运行阶段的服务品质管理提出科学、具体、有效、创新的品质提升手段与措施。

服务品质是物业服务工作最重要的输出结果，它是物业服务工作现实意义的集中体现，它决定了物业服务的社会价值与经济价值。

二、服务品质提升方案设计与编写的主要要求

在规划服务品质提升方案时，要以持续提升物业服务项目服务品质为出发点，结合项目的基础条件与基本定位，从有利于发挥物业服务企业特点与特长的角度出发，设计系统、具体、量化、可操作的方案。

三、设计与编写范例

【云鼎壹号】二期物业服务品质提升方案

物业服务企业的价值表现在品牌价值与经济价值两个方面。这两者又可以相互作用，合二为一。

经济价值通过品牌价值来创造、实现，品牌价值通过经济价值量化、表现。

如何实现物业服务企业的价值，不断提升物业服务项目的服务品质，用一句话来表达，就是：品质源于专业，价值源于品牌。从实际操作过程来具体细分，通过以下7个步骤来逐步有效实施。

第一步，服务关键点的定位与强化。

(一)服务关键点的定位

1. 综合类

1)公共区域遇到业主必须问候"您好"。

2)服务区域必须着工装,佩戴工牌,面容清洁,仪表端正。

3)用对讲机必须佩戴耳机。

4)进入业主家中必须穿鞋套。

5)服务区域两人成行,三人成列。

6)服务区域内严禁吸烟、争执、化妆、吃东西、大声喧哗、互开玩笑、嬉戏打闹。

7)任何服务及管理人员在任何情况下不得与业主发生任何形式的冲突。

2. 安全管理部

1)与业主/访客有语言交流时,必须敬礼。

2)人员及车辆进入,必须验证,登记翔实。

3)每日上下班高峰期(8:30~10:30,18:30~20:30),门岗必须立岗。

4)各岗位交接班时,必须进行交接仪式并敬礼。

3. 客户服务部

1)上班必须化淡妆,精神饱满,着装符合公司规定。

2)物业办公区域时刻保持整洁有序。

3)接听电话必须符合标准规范。

4)访客进入接待区,必须起立问候"您好"。

4. 工程管理部

1)携带大型工具时,行进必须靠右。

2)入户维修必须携带工具包,穿鞋套,维修完随手带走垃圾。

5. 环境维护部

雨雪天在易滑倒点摆放警惕标识牌。

(二)服务关键点的强化

确定服务提供过程中最容易引起服务接受者感受冲击的关键行为,加以刻意的调整并强化,在短期内快速提升业主满意度。

例如,增加业主停车熄火是否忘记锁闭车门窗的特殊巡检服务项目。

第二步,视觉优化改造。

确定服务提供过程中最容易引起视觉冲击的关键位置，对其进行美化改造，从视觉优化方面凸现服务品质。【云鼎壹号】二期视觉优化工作计划见表10-1。例如，在特殊的节日对园区进行布置美化，体现物业服务的温馨与细致；员工休息区域，正能量激励内容的布置，如图10-3所示。

表10-1 【云鼎壹号】二期视觉优化工作计划

序号	工作计划	实施要点	实施时间段
1	园区内标识、标牌的补充完善	依据公司《品牌视觉指引手册》，从业主使用、物业服务管理的角度对开发商交付后未覆盖的标识、标牌进行补充完善	交付使用之日起2个月内（2017/10/1 ~ 2017/11/30）
2	用颜色对地库分区	《园区美化工作指引》	2017/8/1 ~ 2017/8/31
3	对地库墙面进行装饰	《园区美化工作指引》	2017/10/1 ~ 2017/10/31
4	井盖的上漆亮化	《园区美化工作指引》	2018/4/15 ~ 2018/4/30
5	园林小品的布置	《园区美化工作指引》	2018/5/1 ~ 2018/6/30
6	其他美化	结合项目运行现状进行美化改造如图10-1、图10-2所示	

图10-1 绿化带易损处硬化处理

第十课 服务品质提升方案的设计与编写

图 10-2 园区内设置宠物粪便专用箱

图 10-3 员工休息区域布置

参考资料2：园区美化工作指引

一、对地库通过颜色、标识进行分区

例：车库分区的应用。

1. 用颜色分区

将整个地下车库按颜色分成了 A、B、C、D……几个区域，可用红、橙、黄、绿、蓝、青、紫等对比明显的颜色来区分，并配有编号，如图 10-4 所示。

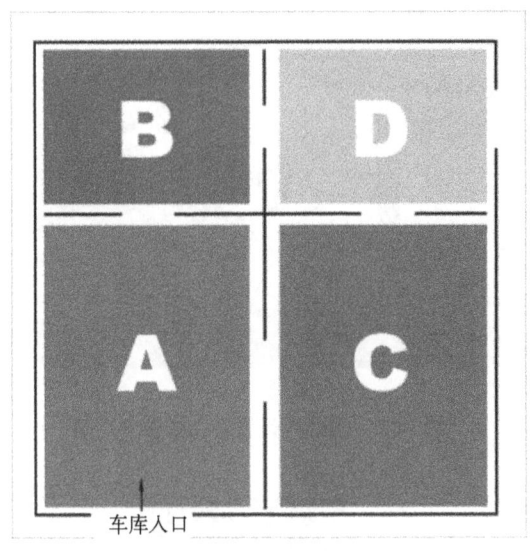

图 10-4 车库按颜色分区平面图例

2. 指示牌

当车辆进入停车场时,驾驶者首先看到的将是指示牌,驾驶者根据停车场指示牌的颜色来识别车库分区,将车辆驶入适合的停车区域。如图 10-5 ~ 图 10-7 所示。

图 10-5 车库入口灯箱指示牌

图 10-6 车库分叉路口灯箱指示牌

图 10-7　车库分叉路口指示牌分布图

3. 用立柱颜色和字母标志分区

不同区域采用不同的立柱颜色与不同的字母标志，能大大提高使用者停车或取车的便利，如图 10-8、图 10-9 所示。

图 10-8　停车场内 C 区蓝色停车位

图 10-9 停车场内 D 区黄色停车位

二、地库墙面的装饰

地库墙面装饰还可选用手绘墙、贴图、喷涂壁画、挂画等方式,丰富地库文化等。

例:地库电梯厅手绘墙的应用。

地下车库非精装电梯厅的墙面,未被其他设备设施遮挡的,可进行手绘墙装饰。

手绘墙的内容,构思要有较高的思想境界,在艺术意境的创作上达到寓情于景,触景生情,情景交融才是最优效果。

手绘墙的尺寸,很难定出绝对的标准,不同的位置要求有不同的尺寸。在实际操作中究竟取何比例为宜则取决于与环境配合上的需要,如图 10-10 所示。

图 10-10 地库手绘墙图例

三、园林小品的布置

园林小品设计要统一于总体艺术风格,统一而不单调,丰富而不零乱。小品的设计既要有变化,有自己的风格,又要统一于整体环境。在不同的环境中,小品的形式有所不同,根据功能、性质和景观要求来处理构图,小品设计应因地制宜和因情制宜地进行合理布局和设计构思,这是实现多样统一的前提,如图 10-11、图 10-12 所示。

图 10-11　园林小品布置(一)

图 10-12　园林小品布置(二)

第三步　固化服务品质。

在服务品质得到有效提升的基础上,采取 7 项措施保持、固化服务品质。根据项目的现实情况,可并用,也可选择使用。

1）全面质量管理体系的导入与落地。
2）服务理念的专项培训与导入。
3）企业训导师制度的建立与实施。
4）客情监测体系的建立与实施。
5）三级检查制度的运行。
6）不合格服务纠正与预防措施。
7）五位一体的服务管理模式。

第四步，企业品牌营销。

开展一系列"特殊服务"活动，树立企业品牌形象，并且可以通过社会媒体公众传播工具实现企业品牌营销的目的。

例如，"关爱老人，我们在行动"免费检修活动；"烈日下的一缕清凉"为环卫工人及路人免费提供饮用水及休息区活动。如图 10-13 所示。

图 10-13 免费提供饮用水及休息区

第五步，提升服务对象的满意度。

通过以上 4 个步骤，结合"专项服务月"的形式，达到提升服务对象满意度的效果。

参考资料 3："安全生产月"活动方案

一、活动目标

以科学发展观和"安全发展"理念为指导，紧紧围绕安全工作的总体部署，开展形式多样、内容丰富的宣传教育活动，以"强化安全发展观念，提升全民安全素质"为主题，把安全法律、安全文化、安全知识送进生产第一线，使"以人为本、安全发展"的理念更加深入人心，促进安全隐患治理各项措施的落实，有效防范和坚决遏制重特大事故的发生，为实现公司安全生产工作目标任务提供强大的思想保证、精神动力和舆论支持。

二、活动主题

安全责任、重在落实！

以强化安全工作两个主体（责任主体和监管主体）责任为重点，严格落实责任制，健全和完善规章制度，夯实安全基础，全面加强安全管理，坚决防范重特大事故和案件的发生。

三、活动时间及阶段安排

1. 活动时间

6月1日~6月30日

2. 阶段安排

1）6月第一周为安全生产事故警示教育、"安全乘梯 幸福万家"电梯安全知识宣传周。重点结合事故案例集中开展安全宣传、教育活动。宣传教育可以采用事故案例宣传挂图展、观看事故案例教育片、召开事故案例分析研讨会、安全生产演讲会等各种形式，使广大业主和员工通过事故案例受到教育。

2）6月第二周为安全培训周。结合本项目安全生产的实际情况对所属员工开展安全培训教育活动。重点要对特种作业人员、新入场人员进行教育培训和考核，并做好记录。积极开展安全公开课活动，各单位负责人要亲自为本单位职工进行授课。

3）6月第三周为安全生产应急预案演练、消防系统安全隐患排查以及"安全乘梯 幸福万家"专项活动周。对已制定的防洪、防盗、消防以及应急救援等应急预案进行有针对性的实战演练。要检查应急物资、设备、资金、人员的准备情况，组织开展应急救援知识的宣传培训，提高一线作业人员应急处置能力，提升安全应急意识，增强应急处置的科学性、及时性和有效性。

4）6月第四周为安全生产隐患集中排查治理周。结合打非治违专项行动、安全生产"护航"行动第二战役、隐患排查治理等活动开展安全生产隐患大排查、大治理，努力消除出现的事故隐患，并深入查堵管理漏洞。

四、活动要求

1）各部门要充分认识开展"安全生产月"活动的重要意义，切实加强组织领导，把开展"安全生产月"活动作为安全生产工作的重要内容，纳入年度工作考核，努力营造有利于加强安全生产的企业氛围。

2）认真开展安全生产事故警示教育活动，各部门要通过对典型事故和身边事故案例进行剖析，分析原因、总结教训、开展反思大讨论，增强员工自我防范意识和自主保安能力，坚决遏制安全事故、重特大事故的发生。

3）突出"安全责任，重在落实"的主题，采取多种形式开展宣传教育活动，积极探索以日带月、以月促年的方式方法和途径，使宣传教育工作常态化、科学化，更好地服务于安全生产工作。

4）结合管理辖区情况认真组织好应急预案演练培训，通过培训、演练进一步完善应急预案措施，加强预案管理，促进员工熟练应急预案，防患于未然。

5）认真做好总结，及时宣传安全生产活动中涌现先进典型，弘扬感人事迹，传颂安全文化，强化安全意识。

五、活动形式

1）安全事故或案件警示教育。

2）通过板报、宣传栏、张贴宣传画、标语、横幅等形式，广泛开展安全工作宣传教育。

3）结合公司重点工作任务开展"安全示范岗"活动。

4）结合自身实际组织开展防洪、防盗、消防演练，提升应急突发事件的处置能力，确保生产安全。

5）深入持久开展安全教育三级培训，突出"安全是基础，服务是根本"的全员安全意识教育，提高从业人员主动做好安全防范工作的积极性。

六、安全生产自查自纠及检查内容

1）各类安全台账记录情况。

2）灭火器材的存放、使用、记录情况。

3）墙报、宣传栏、标语、横幅等宣传情况。

4）雨季防汛、防涝准备工作情况。

5）安保队员宿舍卫生、用电、用气状况。

6）值勤岗位值班日记情况。

7）回放监控视频，抽检值班状态。

七、安全生产月期间环境布置要求

在小区正门、出入口、工作场所等显著位置，悬挂安全生产月活动主题口号条幅，张贴安全生产月主题宣传画、宣传标语和彩旗等营造活动氛围。利用板报、宣传栏、报刊、网络等各种形式宣传安全生产月活动，现场安全宣传横幅不少于3条。

第六步，实现企业价值。

通过专业化的服务能力实现高品质的服务水平，通过企业的品牌效应实现企业的价值增值。即品质源于专业，价值源于品牌。

第七步，持续价值维持。

实现"无缝隙""零缺陷"的服务管理模式。

"打江山难，守江山更难"。要长期维持企业的品牌价值，保持项目的服务品质，从而持续保障企业的价值不是一件容易的事。尽管五位一体的服务管理模式，完善的服务质量管理体系都是成功的典范，但"千里之堤，毁于蚁穴"，持久的执行力，坚持的韧性与耐力才是保证企业长盛不衰的内在源泉。

附　　录

附录1　业主满意度调查表主体问卷模板

第一部分　总体评价

首先，我们想了解您对 ZH 物业服务的整体印象和评价。

一、综合各方面因素考虑 ZH 地产的产品与 ZH 物业的服务，您的总体满意度如何？请您用 5 分制表示。5 表示非常满意，4 表示比较满意，3 表示一般，2 表示不太满意，1 表示非常不满意。

（8 = 不适用/不知道，9 = 拒答）

非常满意	比较满意	一般	不太满意	非常不满意	不适用/不知道	拒答
5	4	3	2	1	8	9

您觉得 ZH 地产与 ZH 物业在哪些地方最让您感到满意？（详细追问并记录）

答案1：

答案2：

答案3：

您觉得 ZH 地产与 ZH 物业在哪些方面最需要改进？（详细追问并记录）

答案1：

答案2：

答案3：

二、如果您打算再次购房，请问您在多大程度上会再次选择 ZH 地产的楼盘？请您用 5 分制表示。5 表示肯定会，4 表示可能会，3 表示可能会也可能不会，2 表示不太可能，1 表示肯定不会。

（8 = 不适用/不知道，9 = 拒答）

肯定会	可能会	不确定	可能不会	肯定不会	不适用/不知道	拒答
5	4	3	2	1	8	9

三、如果有亲戚、朋友现在考虑买房，您是否会推荐 ZH 地产的楼盘？请您用 5 分制表示。5 表示肯定会，4 表示可能会，3 表示可能会也可能不会，2 表示不太可能，1 表示肯定不会。

（8 = 不适用/不知道，9 = 拒答）

肯定会	可能会	不确定	可能不会	肯定不会	不适用/不知道	拒答
5	4	3	2	1	8	9

四、您在选择 ZH 地产的楼盘时，哪些因素是您最为看重的？

答案1：

预编码

1. 品牌	2. 房子物有所值
3. 工程质量	4. 户型设计
5. 装饰装修	6. 建筑外观
7. 园林景观	8. 区内配套设施
9. 社区文化氛围	10. 地段
11. 小区周边商业、生活配套	12. 物业服务

第二部分　品牌形象和居住感受

下面想听听您对 ZH 品牌的整体印象。接下来，我会读出一些描述品牌的词语或句子，您觉得用这些词或句子来形容 ZH，您同意吗？请用 5 分制表示，5 表示您非常同意，4 表示比较同意，3 表示中立，既不同意也不反对，2 表示不太同意，1 表示非常不同意。

（8 = 不适用/不知道，9 = 拒答）

	指　　标	同 意 程 度					
1	ZH 信守承诺，值得信赖	5	4	3	2	1	8	9
2	出现问题，ZH 总能积极面对，妥善解决	5	4	3	2	1	8	9
3	ZH 重视业主感受，提供的产品、服务、社区文化符合业主的需求	5	4	3	2	1	8	9
4	ZH 物业是很多业主选择 ZH 房子的重要原因	5	4	3	2	1	8	9

第三部分　物业服务

请你暂时先不考虑所购买房屋的工程质量方面的问题，单独谈谈对 ZH 物业的感受和看法。请您注意，接下来的评分题目，不是用刚才的 5 分制评价，而是用 7 分制评价。7 表示非常满意，6 表示满意，5 表示基本满意，4 表示一般，3 表示不太满意，2 表示不满意，1 表示非常不满意。

下面是具体的问题：

非常满意	满意	基本满意	一般	不太满意	不满意	非常不满意	不适用/不知道	拒答

在 ZH 物业为您提供的以下 8 个方面的服务中，您感觉不太满意的有哪些？
- □ 绿化养护　　　　□ 安全保卫　　　　□ 公共区域的清洁卫生
- □ 入户有偿维修　　□ 公共设施设备维保　□ 社区文化氛围
- □ 工作人员素质　　□ 社区公共秩序维护

访问员注意：如果被访者在上述内容中选择了具体的选项，则针对性提问。

	类　别	答　案
1	绿化养护	①树木养护不到位；②草坪养护不到位；③绿化量不足 其他注明：
2	安全保卫	①外来人员管理不严；②大件物品出入管理不严 其他注明：
3	公共区域的清洁卫生	①园区公共区域清洁不好；②楼内清洁不好；③垃圾清运不及时；④虫害消杀不好 其他注明：
4	入户有偿维修	①维修质量差；②收费太高、贵；③响应时间长，反应慢 其他注明：
5	公共设施设备维保	①电梯运行不好；②停水停电没有及时通知；③公共区域照明维修不及时；④门禁维修不及时；⑤楼体维护不到位；⑥水景水系维护不到位 其他注明：

（续）

	类别	答案
6	社区文化氛围	①社区文化活动太少；②社区文化活动的档次不够 其他注明：
7	工作人员素质	①保洁人员；②安管人员；③工程人员；④客服人员；⑤管理人员 其他注明：
8	社区公共秩序维护	①停车管理；②私搭乱建；③公共区域物品乱堆放；④装修管理；⑤宠物饲养；⑥流浪猫狗管理；⑦社区商户乱摆卖 其他注明：

第四部分 投诉处理

在过去一年内，您家有过向 ZH 物业投诉的经历吗？

答案1：

您对 ZH 物业在投诉处理上的总体表现，如何评价？请继续用 1~7 分表示。

非常满意	满意	基本满意	一般	不太满意	不满意	非常不满意	不适用/不知道	拒答

对于 ZH 物业在投诉处理以下 3 个方面的具体表现，请您用 1~7 分做出评价。具体问题：

	评价维度	评价得分							
1	投诉的渠道通畅	7	6	5	4	3	2	1	8	9
2	投诉接待人员礼貌得体	7	6	5	4	3	2	1	8	9
3	及时应对处理	7	6	5	4	3	2	1	8	9

对于投诉/反映问题最终处理的结果，您接受吗？

答案1：

ZH 物业管理有限公司

年　月　日

附录2 【云鼎壹号】二期物业项目周边商务信息一览表

类别		公共服务设施	地点	营业时间	路线距离	联系电话
生活服务	金融机构	中国工商银行卡子湾第二储蓄所	米东南路1466号	09:30~16:00	0.6km	0991-6659330
		中国工商银行喀什东路分理处	喀什东路232号	10:00~14:00	0.7km	0991-6662092
		中国工商银行ATM	米东南路1466号	全天24h营业	0.6km	95588
		乌鲁木齐商业银行ATM	米东南路与喀什东路交汇处北侧	全天24h营业	1.0km	96518
		中国农业银行ATM	东站路和兴嘉苑内	全天24h营业	1.1km	95599
		中国邮政储蓄银行ATM（乌奇路邮政支局）	米东路3846号	全天24h营业	3.0km	0991-6867710
		中国邮政储蓄银行（新工地支行）	米东路2-13号	10:00~18:30	0.5km	0991-6653562
		中国邮政储蓄银行（卡子湾支行）	米东南路1376号	10:00~18:30	0.5km	0991-6868733
		中国邮政储蓄银行ATM	米东南路1376号	全天24h营业	0.5km	95580
	医疗机构	新疆医科大学第二附属医院（三甲医院）	乌鲁木齐七道湾南路	全天24h营业	3.5km	0991-4695168
		自治区人民医院米东医院	米东路3740号向东360米路北	全天24h营业	2.9km	0991-6864223
		建工师卡子湾医院门诊	米东南路1426号	全天24h营业	0.5km	0991-6157639
	超市	华润万家（新疆河北东路店）	新市区河北东路966号	10:00~22:00	2.9km	—
		爱家超市（天津北路店）	天津北路493号	10:00~22:00	3.6km	15199155287
		友好超市	苏州路苏州东街58号	11:00~22:00	4.2km	0991-2335281
	邮局	新工地邮政支局	米东路2-13号	10:00~18:00	0.4km	0991-6653562
		水泥厂邮政支局	米东南路1376号	10:00~18:00	0.5km	11185
		卡子湾邮政支局	米东南路892号	10:00~18:00	1.8km	11185
	通讯	中国联通指定业务代办点	喀什东路62号	10:00~19:30	2.8km	10010
		中国移动喀什东路营业厅	唐山路59号	10:00~19:30	3.0km	10086
		中国电信米东南路营业厅	米东南路红光山小区	10:00~19:30	0.4km	10000

(续)

类别		公共服务设施	地点	营业时间	路线距离	联系电话
交通设施	公交站	613路（家佳乐超市-米泉）		07:30~23:30	0.5km	—
		508路（烈士陵园-卡子湾管理处）	新疆五建	07:30~22:30	0.5km	—
		501路（卡子湾华陵出口基地-东泉路）		07:30~23:30	0.5km	—
		19路（石化-家佳乐超市）		07:30~21:30	0.5km	—
	加油站	卡子湾加油站	米东南路与喀什东路交汇处东侧	全天24h营业	1.1km	—
		青松加油站	卡子湾二铜对面	全天24h营业	1.3km	—
		中国石油加油站	喀什东路201号附近	全天24h营业	1.2km	—
		德源加油加气加液站	米东区米东南路776号	全天24h营业	1.0km	—
		四平路加油站	四平路华龙美钰小区南侧	全天24h营业	1.4km	—
美食服务	餐饮	万福楼大酒店	新市区河北东路320号（国家家园旁）	11:00~23:00	1.9km	0991-6653838
		雨林印象新派火锅店	新市区河北东路316号华源国秀家园西北商服B座	10:30~23:00	1.9km	0991-6653777
		涧口肥牛	鲤鱼山北路与河南东路交汇处北侧	10:00~22:00	1.2km	0991-6686717
		河南人家（清真）	新市区铁路局河南东路276号	10:00~22:00	3.5km	0991-3856899
		胖老汉（清真）	新市区铁路局河南东路518号	全天24h营业	4.0km	0991-3678119
		好日子自助烤吧	新市区喀什东路855号	12:30~23:00	3.0km	18999177708
		门迎天下	四平路锦绣年华北区	11:00~00:00	2.0km	0991-3196363
		长福宫（清真）	新市区长春路西四巷	11:00~23:00	3.6km	15199099626
		长福宫火凤凰	新市区长春路西四巷	11:00~22:30	3.5km	13899812936
		巴特餐饮	东站路和兴嘉苑南侧	12:00~00:00	1.7km	0991-3138978

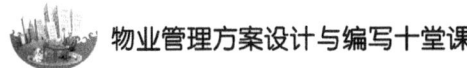

(续)

类 别		公共服务设施	地 点	营 业 时 间	路线距离	联 系 电 话
美食	休息餐饮	肯德基	长春南路友好时尚购物中心1层	07:00~24:00	3.6km	400-882-3823
		乔治香颂	长春南路友好时尚购物中心1层	12:00~22:00	3.4km	0991-4828050
		新语咖啡	长春路美林阁小区1号楼7号商铺	11:00~23:00	4.1km	13579870073
		爱的礼物	喀什东路联汇衣贸市场东侧	11:00~21:00	2.0km	0991-3193297
休闲娱乐	酒吧KTV	西街台球酒吧	新市区长沙路268号	13:00~次日02:00	3.4km	0991-3663777
		M8量贩KTV	喀什东路398号	19:00~次日02:00	1.7km	0991-7760007
	洗浴	梦兰桑拿宫	江苏东路269号吐哈石油大厦负一层	全天24h营业	4.0km	0991-6660000
	电影院	大汉松足疗会所	天津南路339	13:00~20:00	4.0km	0991-3813525
	健身	乌鲁木齐银河永乐影城	北京中路147号汇嘉时代三楼	12:00~02:30	3.0km	0991-3633180
	商场	圣丹亚运动游乐超市	永祥街与米东南路交汇处西侧	11:30~00:00	2.9km	0991-8897632
酒店		友好时尚购物中心	长春南路	11:30~08:30	3.7km	0991-3195330
	星级酒店	乌鲁木齐阳光酒店	新市区天津北路西五巷99号	全天24h营业	3.9km	0991-6600001
		吐哈石油大厦	江苏东路9号	全天24h营业	4.0km	0991-6610066
		乌鲁木齐绿城百合会所	亚欧博览中心旁	全天24h营业	3.1km	0991-4670686
	快捷酒店	艾美酒店	乌鲁木齐东区华泰街189号	全天24h营业	3.5km	0991-5833333
		百汇商务酒店	乌鲁木齐东振兴中路109号	全天24h营业	3.7km	0991-3362000

附录3 物业服务沟通协调机制运行表

沟通对象	沟通对象特性需求	沟通主体	沟通频次	沟通主题
业主自治组织及成员	整个物业服务项目总体运行及管理过程中的重大问题，物业服务的普遍性问题，及业主普遍关心的问题	项目经理	每季度1次	整个物业服务项目总体运行管理过程中存在的问题
常规计划拜访业主	从个体角度对物业服务管理的特殊的服务需求	客服主管	每周1次连续循环	各职能服务提供过程中存在的瑕疵及客户关注重点
投诉及对服务不满意的业主	对服务提供过程中的瑕疵及质量缺陷存在意见与建议并需要得以解决的特殊需求	客服主管 专业主管	不定期	常规性基础服务过程中存在的瑕疵；合同外临时性服务需求提供过程中存在的瑕疵及客户关注重点
特殊服务需求业主	特定服务需求	客服主管	不定期	针对服务需求的特殊性，提供特约服务具体事宜沟通
房地产开发企业	最大限度提高服务品质，提升市场品牌度	项目经理	每季1次	通过对现有业主提供的高品质物业服务，促进房地产品牌的提升

附录4 客户沟通记录表

业主/物业使用人姓名				房号			沟通日期	
沟通方式	面谈	电话	QQ	短信	Email	其他	沟通人姓名	
沟通内容：							客户提出问题处理情况： 处理人签名：　　　　日期：	
沟通记录：							回访情况： 回访人签名：　　　　日期：	
业主/物业使用人签名：　　日期							业主/物业使用人签名：日期	

备注："沟通内容"填写本次与客户沟通的目的、谈话内容提纲，"沟通记录"填写客户对物业服务工作的意见和建议，如沟通/回访方式为"面谈"应请业主/物业使用人签字确认。

附录 5 [云鼎壹号] 二期周边同类项目物业服务费收费标准调研报告

序号	项目名称	地理位置	开发公司	楼盘均价/（元/m²）	交付时间	物业管理公司	物业类型	物业服务费	其他
1	GSJ	米东区红光山生态公园内西侧	XJFDY房地产开发有限责任公司	6600	2015年10月	LC物业	普通住宅商铺	住宅：2.5元/m²·月	无
2	ZYZC	新市区鲤鱼山路北巷509号	WLMQCJ房地产开发有限公司	6800~7200	2015年10月	CJ物业	普通住宅商铺	住宅：2.0元/m²·月，商铺：4.0元/m²·月，地下停车费：80.00元/个·月	无
3	BHGY	水磨沟区红光山公园南侧	XJJFLC房地产开发有限公司	11000	2016年10月	LC物业	别墅	别墅：3.5元/m²·月	无
4	JYHF	新市区鲤鱼山路88号	WKXJY房地产有限公司	7000~8200	2015年12月	WK物业	高端住宅商铺	多层住宅（电梯洋房）3元/m²·月，高层住宅（电梯公寓）2.75元/m²·月，底层商铺5元/m²·月，地下车库2.75元/m²·月	无
5	HGYJ	喀什东路车管所对面	BT建工集团	6700	2012年3月	BXFY物业	普通住宅	住宅：2.0元/m²·月，车位服务费：64.00元/个·月	无
6	WTSP	米东南路2580号	XJYK房地产开发有限公司	6500	2013年10月	YK物业	普通住宅商铺	住宅：1.5元/m²·月，商铺：3.0元/m²·月，地上停车费：120.00元/个·月	无
7	HYLW	乌鲁木齐红观山路1号	XHBX房地产开发有限公司	9100	2016年8月	LC物业	普通住宅	住宅：2.5元/m²·月	无

附录6 八类业态物业服务管理规划

一、国际化商业写字楼物业服务的设计规划

北京南银大厦，多次被媒体评为北京"外观最漂亮，管理最优良"的国际化商业大厦。其先后为美国使馆、日本领事馆、拉法基水泥、洛克石油、瑞士信贷银行、梅赛德斯奔驰等国内外高端客户提供国际化水准的物业服务。

写字楼物业服务管理是一种颇具代表性的都市物业服务业态。现结合南银大厦，这一北京主流高品质写字楼的实际管理经验，介绍国际化商业写字楼物业服务管理的设计规划。

首先，进行服务对象特性分析。

国际化商业写字楼物业服务的对象具有以下特性：社会层次、受教育程度普遍高，对现代化、智能化的硬件设备设施及高品质、高水准的软性服务较熟悉；除了外在的办公环境之外，对内在的服务质量要求也会很专业、很细致，甚至很在意、很挑剔。

写字楼物业服务对象的这些特性，决定了他们行为表现与思维方式具有一定的特点。如他们对服务中的瑕疵，虽然不会在第一时间以外显、激烈的方式表达不满与抱怨，而是以一种相对含蓄的方式来传递信息，但物业服务方如果没有恰当地予以解决，今后要想消除这种负面印象反而很不容易。这就决定了国际化商业写字楼的物业服务，一定要讲求过程管理的严密性，以预防和杜绝为主，及时处理为辅。

其次，我们来看具体的物业服务设计规划。

一般而言，高品质、国际化商业写字楼的物业服务对象，对服务的需求偏重于商务服务方面，同时，对硬件环境的运行维护保养水平要求较高。可以概括为两句话："品质办公环境，商务服务元素"。

根据这种服务需求特性，对这类物业业态的服务设计与规划应该从硬件管理与软件服务两个方面入手。

（一）品质办公环境（硬件管理）

写字楼对于物业使用者而言，属于经营资料的范畴，而品质的办公环境是

写字楼内客户最需要的基础经营设施。

对于高端商业写字楼而言，任何先进、便利、舒适、安全条件，都是以高水准的硬件维护管理为前提保障的。物业服务企业要想达到"提供好的硬件管理"这一基础服务目标，必须通过专业化的硬件运行维护和保养技术来实现。

高端写字楼八大设备设施系统：给水排水、消防、热水燃气、空调通风、电气照明、电梯、扶梯、弱电；对于现代化程度高的写字楼，还包括楼宇自控系统、通信、办公、安保、消防自动化智能控制系统等。这些硬件系统功能齐全、结构复杂，运行与维护的管理专业起点高，保证这些系统的正常有序运行，也就是硬件管理能力，考量的是物业服务企业专业技术的基本功。

高端写字楼设备设施系统的运行维护管理，不仅要提高及时处理各类故障的专业能力，更要侧重于对各类隐患的及早排查，做到排查管理制度化。"日常巡检保养＋提前排除隐患＋分级实施维修"，确保各类设备设施系统高效正常地运行，并通过专业化的物业设备设施系统管理技术，实现物业保值与增值的首要服务管理目标。

（二）商务服务元素（软件服务）

国际化商业写字楼与其他业态物业服务最大的差别之一，就是商务服务元素。需要提供功能强大、国际标准的商务服务。在这一环节，需要融入高星级酒店服务的特色元素，满足服务对象的现实与心理需求。

以北京南银大厦为例，这里不介绍常规性的商务服务，单纯从餐饮服务而言，其专业性丝毫不亚于国际标准的餐饮酒店。

1. 商务团餐

高端写字楼商务团餐，与其说是"餐饮经营"不如定义为"餐饮服务"更为准确。其规划定位为重要附属服务项目，或者说是增值服务，其首要特点是为主营业务服务，不以营利为目的。对于这种团餐的服务，以标准餐为设计规划基础。

2. 西餐

国际化商业写字楼的西餐服务一定要力求专业，下面举3个小例子。

1) 原料。以西餐中的主要原料冷冻虾仁为例。冷冻虾仁在烹调前的准备非常讲究。如果用一般的水温解冻、清洗，虾仁的色泽以及烹调后的口感都会大打折扣，因此必须使用低于0℃的冰水。而牛排、洋葱、胡椒、番茄、色拉酱等其他原料的备料要求都是如此精细。

2）辅饮。以常见的鲜榨橙汁为例。出于方便、节省时间考虑，有时服务人员会一次性备好一定量的鲜榨橙汁，然后放置在冰箱中冷藏，随时取出以供顾客饮用，这是一种极不专业的做法。因为鲜榨橙汁一般在放置40分钟后会发出一种苦涩的味道，严重影响饮用者的口感。

3）席间服务。以上菜顺序为例。西餐的上菜顺序也很有讲究，依次为面包、开胃头盘、汤、沙律、主盘、甜品、咖啡或茶，由此可见西餐服务的细致与专业程度要求之高。

而斟酒也是颇有讲究的。斟酒前先将酒水瓶擦拭干净；开启时不要将瓶口对着宾客，以免瓶塞爆出或酒水溅出至宾客身体；开启后清除瓶口的锡纸与溅出的酒水。斟酒时左手持洁净餐巾随时擦拭酒瓶，右手握酒瓶下半部，将酒瓶商标面对宾客；站在宾客右侧斟酒，身体不要贴靠宾客；红葡萄酒斟至酒杯1/2；白葡萄酒斟至酒杯2/3；香槟分两次斟倒，先斟至酒杯1/3，待泡沫散平后斟至2/3；啤酒沿杯壁斟，分两次斟倒，以泡沫不溢出为准。

此外，西餐服务在菜品、菜量、餐具、点餐、环境氛围设计、家具、装饰物、台布、灯光、背景音乐等方面都有其专业的要求。

3. 传统中餐

传统中餐的服务标准同样要求非常专业。但考虑到多数读者对中餐服务有足够多的了解，因而传统中餐服务的专业性，这里不做详细介绍与说明。

4. 咖啡茶点

国际化商业写字楼以商务服务为主要服务设计前提。因此，咖啡茶点类商务服务深受具有国际习惯的商务人士的青睐，对于服务提供方而言，不仅必不可少，而且标准要求极高。

由于商务写字楼餐饮服务的经营模式与专业的酒店经营有较大差别，如非工作时间，特别是节假日，相关物业服务基本完全停止，而这些时段恰恰正是酒店业经营的黄金时间，所以餐饮服务长期以来在商务写字楼物业服务经营中处于从属地位。

对于物业服务的经营管理者而言，这里需要认识到一点，扩大餐饮经营服务的规模（如场地面积、经营时间、广告宣传等）有可能降低主营服务的品质与物业服务企业的品牌，使服务对象产生负面的心理影响。

最后，对国际化商业写字楼的物业服务管理提出两个关键词：

(1) 标准流程

国际化商业写字楼物业服务需要导入格式化管理模式，主要通过流程管理来实现。

物业服务标准作业流程要求制定得非常详细、具体、便于操作。每一项服务、作业、操作，每一个步骤、环节，甚至每一名员工的一举一动、一言一行都要做到有章可循。

物业服务管理过程中突出一点：依靠流程而不依靠人。

(2) 人员素质

国际化商业写字楼物业服务中突出员工个人的能力与素质。

高素质的一线服务人员，能够大幅度提高客户诉求解决的及时率与成功率，是服务品质最直接有效的保障。而且，高素质的服务及管理人员给国际化商业写字楼的服务对象带来的心理感受也是服务的重要因素之一，这一点在高端写字楼物业服务中突现得尤为明显。

二、大物业中的酒店服务

伴随着城市物业服务多元化的快速发展，物业服务与酒店服务日益融合。今天，物业服务业与酒店服务业在发达地区，尤其是现代化、商业化程度很高的一线城市，已经到了密不可分的地步。两者相互依托，相互融合，优势互补，相映生辉。在一个服务区域内，写字楼、酒店、购物中心、居住区及其他服务业态融为一体，提供综合性、多元化、功能齐全的全方位服务，都市CBD模式就是最好的范例。

下面就将"大物业"中酒店服务管理的侧重点进行简要阐述。

酒店服务管理在工程维护、安全管理、清洁绿化等方面与写字楼物业服务管理有许多相似、相近之处，都是突出"实效性"与"现场"管理。

但是，酒店服务与物业服务由于其主营业务不同，还是存在很大的差异的，这种差异性主要表现在两个方面。

(一) 客务服务

客务服务是酒店服务业的中心、重心与核心。客务服务主要包括前厅服务和客房服务两个方面。

1. 前厅服务

前厅服务通常包括前台服务与商务中心服务。

（1）前台服务

前台服务突出8个字，首先是"温馨周到"。前台服务人员除日常前台服务外，还要了解常规事务的相关信息，为客人提供各方面的增值咨询服务。例如，了解附近的公共设施分布情况，距离最近的金融机构、特色餐厅、咖啡厅、邮局、电影院及其他娱乐场所等的营业时间、具体距离、明显标示及方向路线；分布在附近的公共交通站点、行驶路线等。其次是"工时定额"。前台工作要严格控制入住登记、退房离店等业务的办理时限。

（2）商务中心服务

商务中心服务突出4个字"功能齐全"。针对不同酒店的特点，设计多功能的商务服务中心，最大限度地满足客户商务需求。除一般意义上的传真、复印、文字处理、旅游及会议安排、预订飞机、车船票等服务项目外，服务外延要尽可能延伸。低成本投入，一站停解决。

（3）经理现场管理

在前厅服务的实施过程中有一个要求，就是经理现场管理，同样突出4个字"动态服务"。第一时间、现场满足客户需求，处理并解决服务管理中的瑕疵，弥补服务链条中的断层。经理的"办公室"就在大堂。

2. 客房服务

客房服务具体实施中要把握6个原则：

（1）及时

即"工时定额"与"限时服务"。对宾客各类服务需求在第一时间，规定的时限内予以满足，如事故排消、衣物洗涤、定期清洁等。

（2）周到

根据客户需求设计周到服务产品。如24小时送餐服务，随行儿童的特别看护，特殊服务对象（老弱病残孕）的特别服务，引领服务，迎送服务等。

（3）细致

服务的提供要讲求特别细致，如叫早的铃声不超过三声，间隔两分钟后再一次反馈确认。大堂，甚至客房内的布置、花卉要周期性调换，以给客户新鲜感。一次性客用品（如拖鞋、牙具、梳子、毛巾等）采用不同颜色，便于客户区分。雨雪天气,进门处不间断保洁,并放置实施成品保护的地毯及防滑提示标志。冬季对大门手柄或推杆设置护手绒套,避免顾客直接接触冰冷金属,并及时更换等。

(4) 家居

让客户有家的感觉。内外部的"零干扰服务",如设置内部服务人员及外部提供服务、送货、快递、快餐、装修等人员使用的专用通道与专用电梯,不与客户同乘一部电梯,同行一条通道。让客户充分享受私密、自由、舒适的"家"的感觉。

(5) 格式

服务用语、服务手势、仪容仪表、行为举止、服务模式以统一、规范、格式来体现软性服务的完美与品质。

(6) 文化

突出服务的文化氛围。传统节日是酒店服务业中最能表现出文化服务底蕴的最佳时机。方式要求独特,与众不同,以差异体现酒店经营方的文化与智慧。

(二) 产品营销

如何将酒店经营管理方精心创造出的酒店服务产品进行有效的营销,是酒店服务业的重要工作,即如何将服务品质转化为经济价值,这是一项专业的内容。

通常来说,酒店营销主要有4个渠道:客房、餐饮、商务与节日特殊活动。

1. 客房营销

客房营销的最主要手段是团队服务营销,这是客房服务的主要经济支撑点。可通过参加各类旅交会,组织客户答谢会等方式实施。同时,要以优质的客房服务吸引社会零星散客,并使社会零散资源通过我们的服务,逐步转变为长期、固定的客房服务资源。集团服务与散客服务密切结合,互为补充,相得益彰。

2. 餐饮营销

餐饮营销的最主要手段是挖掘并确定自身特色,以独特的餐饮服务产品吸引餐饮服务的需求者。例如,在北京较受青睐的台湾品牌餐饮——"鹿港小镇",它的最大特色是所有女性服务员都是清一色的短平头,而菜品以猪肉、酱油风味为主,这种风格在新疆、西藏、宁夏等少数民族地区通常难以被适应与接受。而"特六火锅",则是一改传统的红红火火、热热闹闹的火锅文化,推出格调精致的风味火锅。其中，西餐风味的咖喱被引入火锅元素，意外受宠。在"非常泰"，环境氛围、菜品内容等方面的设计完全释放出了泰国异域风情，定位准确，因此经营非常成功。

此外，开发重点商务餐饮客户服务也是餐饮营销的重要内容之一，尤其是对于高档酒店而言，这类特殊的、长期的、稳定的商务餐饮客户是高档酒店餐饮服务的重要经济效益因素之一。

3. 商务服务营销

酒店中的商务服务也是重要的辅助经营手段之一，并且，在酒店经营中发挥着越来越重要的作用。商务活动，如会议、培训、新闻发布等，占据着经营业务中越来越大的份额，丝毫不容忽视。此类服务的营销手段，主要是通过对重点商务客户的长期开发，需要一个较长时期的市场培育。

4. 特殊节日活动

春节、元旦、中秋、正月十五、端午等中国传统节日，历来是酒店服务业倍受重视的节日利润增长点。而圣诞节、母亲节、父亲节、情人节、教师节、护士节等现代都市人较喜爱的节日，更是孕育着无限的商机。如何牢牢地把握住并充分利用难得的节日商机，需要经营管理者颇具智慧的头脑与眼光。

无论是营销方向还是营销手段，要充分考虑季节特性，针对淡季、平季、旺季采取不同的策略。

引进新客源，维护老客源，找回失去的客源，培育忠诚的客源，就是成功的营销。

三、综合性商业广场物业服务的设计规划

综合性商业广场，通常是指经营场地较大、影响范围较广、独立个体经营、集中统一管理的商业经营聚集区域，是目前大中型城市中广泛推行的一种商业经营模式。

综合性商业广场的经营内容通常包含了商业经营、餐饮、办公等，有些还附有酒店、娱乐、康体、休闲等诸多商业服务元素。这种规模经营的综合性商业广场，经过一个时期的良好市场培育与内部品质管理，通常能够营造出一个城市的区域商业中心，创造出一个颇具影响的商业品牌。

综合性商业广场是一种典型的多元素组合的商业物业服务管理业态，现实

中的物业服务管理，是管理程度较复杂的一种业态，也是服务管理风险较高的一种业态。2008年，新疆乌鲁木齐市"德汇大火"震惊全国，由此可见此类物业业态服务管理的风险程度之高。

现就此类业态的物业服务管理进行设计规划。

首先，进行服务对象特性分析。

此类业态物业服务的对象主要是经营性商户，这类服务对象对物业服务的基本需求基于两点，第一，安全性基本需求；安全是正常商业经营的最基础保障。第二，实现利润最大化的经营性需求；希望物业服务以市场发展为关注焦点，通过物业服务品质提升商业经营品牌，间接创造商业经营利润。

结合综合性商业广场物业服务对象的特殊性，需要定制具有针对性、实效性的物业服务管理方案。

其次，我们来看具体的物业服务设计规划。

综合性商业广场以其特殊的环境因素与经营目标，决定了此类物业业态服务管理的设计规划，概括为两点："保障环境安全，满足经营需求"。

（一）保障环境安全

这里所指的环境安全主要分为两个方面：

1. 秩序安全

综合性商业广场通常是各类治安、刑事案件突发、多发、易发的场所，如果单纯依靠常规的秩序维护员定期巡逻方式，很难杜绝各类事件及意外的发生。因此，在综合性商业广场物业服务的公共秩序安全管理中，必须要采取一些非常规的管理手段。

2. 消防安全

综合性商业广场通常营业时间长，人员流量、车流量大，出入口多，不易实施有效的消防安全管制；同时，货物堆积如山、进出频繁，环境纷繁复杂，发生意外时疏散相对缓慢。因此，物业服务管理的消防安全工作难度非常大。

综合性商业广场物业服务消防安全管理中常见问题，主要表现在以下方面：

1）日常消防预防措施不健全，特别是不实用；如消防器材配置不合理，重点部位配置的具体标示不明显、数量不足。

2）消防设备设施没有定期检查，不能保证随时有效启用；如缺乏日常检查，设备器材过保质期未及时更换。

3）火灾重点及易发生区域、部位不明确，没有针对性紧急预防预案；如无重点区域标示，紧急疏散路线指示。

4）装修管理涣散，图纸审查、材料审验及现场监管过程缺乏有效监管；如氧焊、切割等动火作业管理不规范，现场缺乏有效监管。

5）日常中任意使用大功率电器；如电炉做饭、取暖，超载、危险用电现象普遍。

6）物业公司的消防演习流于形式，商户不参与不配合，根本没有起到演练、预防与警示等作用。

因此，必须以各种有效的手段，切实营造出一个安全、使商户和消费者放心的经营与消费环境。

（二）满足经营需求

通过精细化、专业化、前瞻性的物业服务运营管理，逐步塑造优质的市场品牌形象，带动其商业市场价值的稳步提升，实现综合性商业广场在区域内甚至全国市场内的可持续健康发展是此类物业服务管理的终极目标。

以物业服务中最常见的保洁服务为例，洁净的公共环境、专业的保洁技术，是物业服务管理水平的重要标志，也是综合性商业广场品牌价值的重要体现之一。而现实中却经常会有诸多遗憾：营业时间内卫生间气味难闻，通道堆积着零乱的货物，扶梯把手油腻、密布汗渍，天花板灰尘厚重、蜘蛛网密布，墙面破损四处可见，到了夜间，蟑螂四处乱爬，老鼠到处游走……

此外，秩序维护员留着长发、蓄着胡须、歪戴帽子、踱着方步、背着手、提个胶皮警棍，大声呵斥着商户与顾客；维修工叼着香烟，扛着梯子，在大厅穿行而旁若无人，路人纷纷躲避不及；物业工作人员衣冠不整，应对询问爱理不理，甚至恶语相加；物业办公室嬉笑打闹，电话铃声四起而无人问津，随处可见私人物品，甚至内衣……这些现象在你我身边、在商业广场比比皆是。

一个不经意的小疏忽、小细节，通过客户的传播效应，会毫不留情地彻底摧毁一个物业服务企业的品牌。以上这些，不仅是对物业服务品质的一种毁损，更是对综合性商业广场本身商业品牌的无情伤害。

最后，对综合性商业广场的物业服务管理提出两个关键词：

1. 安全保障

综合性商业广场物业服务中，公共秩序安全管理应采取特殊的管理措施。

例如，实行明岗值勤与便衣不定期巡查相结合；多视角、全天候视频监控，对违法犯罪分子制造强大的心理震慑力；定期推行重点治理整顿违法犯罪行为，且不间断循环实施，如打击盗窃周、打击抢夺月等。

针对综合性商业广场物业业态的特点，要重点突出消防安全管理的有效措施。

例如，重点清理违规占道，尤其是占用消防通道的非法经营行为，对此项消防安全预防工作长抓不懈。坚持每日营业结束后，统一清场管理的规范性。实行严格的进出货物出入登记、检查、管理制度与流程，从源头上消除消防安全隐患。对各类消防安全紧急事件制定详尽且操作性强的应急处理预案，并定期进行演练，不断提升应对消防安全突发事件的快速反应能力。日常消防安全管理坚持"格式化"管理原则，从消防设备设施的日常维护检查，各类消防隐患的定期排查，消防法规的广泛贯彻宣传，装修过程以及日常动火、动电的安全监控4个方面入手，对所有消防安全管理的细节进行细致化、常态化管理，营造浓厚的管理氛围。

2. 商业价值

通过高品质物业服务为综合性商业广场创造品牌效应，从而带来商业经营利润的提高。除了这种已经过实践检验的商业经营利润制造方式之外，物业服务借助肥沃的商业经营土壤，持续产生物业服务本身丰厚利润的模式，也发挥着越来越不容小视的商业威力。

对于这一点，要突出一个"细"字，细微之处体现品质。

例如，无框玻璃门、电梯内镜面等，顾客触摸频率较高的部位，及时清洁留下的手印，避免带给客人视觉上的不适。长期暴露在室外，饱经风吹、日晒、雨淋的铜牌，定期擦拭，防止变黑，既保持其明亮如新，同时又提升了商业品牌形象。设置雨具存放器，或设置伞套器，尽量不让出入者将带雨水的雨具带进石材地面的大厅，注重清洁卫生的同时，实施石材养护。雨雪天，进门处不间断保洁，并放置地毯或防滑提示牌。商铺营业时间内，保洁员不得使用长柄拖把，避免碰撞顾客，更不能使用湿拖把拖地，以免造成顾客滑倒发生伤害事故。冬季对大门手柄或推杆设置护手绒套，避免顾客直接接触冰冷金属等。

四、房产销售卖场物业服务的设计规划

中国建筑，系国务院国有资产监督管理委员会直接管理的大型建筑房地产综合企业集团，是中国最大的建筑地产综合企业集团、中国最大的房屋建筑承包商。ZJ地产作为中国建筑旗下地产开发的代表品牌，从某种意义上讲，是中国房地产业的一面重要的旗帜。

ZJ地产SXTYH接待中心，作为ZJ地产在新疆地区第一个正式对外开放的房产销售接待中心，其市场品牌意义是无法估量的。因此，对于该项目的物业服务品质要求也是非常之高。

房产销售卖场，作为当前一种全新的物业服务业态，在地产营销与物业前期服务方面发挥着重要的作用。现结合ZJ地产SXTYH接待中心的实际管理经验，介绍此类业态物业服务管理的设计规划。

首先，进行服务对象特性分析。

此类业态物业服务的对象主要包括两个方面的外延：地产营销机构与未来潜在业主。地产营销机构的服务需求主要是通过高品质的现场服务与高水准的未来物业服务规划为房产销售增加卖点，促进销售；而未来潜在业主除了在销售卖场的现场接待服务需求外，还会通过这些表象信息了解未来的物业服务品质，增强对房产的购买信心。

其次，我们来看具体的物业服务设计规划。

通过房产销售卖场物业服务对象的特性分析，此类业态的基本服务需求，可以概括为两点："满足营销需求，凸显服务品质"。

1. 满足营销需求

在房产销售阶段，卖场物业服务各项工作的中心就是通过专业化、高品质的物业服务满足房产营销需求，这也是房产销售卖场物业的首要服务目标。

以物业服务品牌推动房地产企业品牌的建设。

现阶段，在普通居民的思想意识中，物业服务仍然是房地产业的售后保障，甚至被理解为售后服务。因此，一个让业主充分接受、信任、依赖的物业服务品牌有助于增强其对房地产企业的信心，建立起良好的房地产企业社会公众形象，从某种意义上讲，直接为房地产企业品牌建设提供了巨大的无形助力。

以物业服务品牌促使房地产开发经营利润提升。

随着广大城市居民生活与居住水平不断提高，人们对居住的空间、环境、条件，特别是软环境、软条件的要求越来越高，眼光也越来越挑剔。在选择居住基础、投资载体的同时，更多的是关注今后长期得到的服务与维护。作为房地产开发商，如果在开发经营过程中融入高品质物业服务因素，使一次性房地产开发经营与长期物业品质服务有机结合，并形成一种良性循环，将会直接拉动房地产业开发经营利润。

2. 凸显服务品质

实现 ZJ 物业在乌鲁木齐乃至整个新疆地区物业服务对象的美誉度、知名度与忠诚度，真正建立起 ZJ 物业经久不衰的品牌，是 ZJ 物业乌鲁木齐分公司的中长期服务目标，而这一目标实现的载体之一就是 ZJ 地产 SXTYH 接待中心。

ZJ 地产 SXTYH 接待中心物业服务项目作为 ZJ 物业在新疆乌鲁木齐市物业服务市场上首次展示的舞台，对于 ZJ 物业而言举足轻重。因此，无论是物业服务规划的设计、物业服务产品的提供以及物业服务现场的实施，都要全力追求"无缝隙"与"零缺陷"的服务标准，凸显 ZJ 物业国内一流的服务品质。

关于房产销售卖场凸显服务品质，主要从两个方面体现其服务价值。

（1）高品质的现场服务

以精细化的现场服务体现专业化的服务品质，从客户体验角度入手，增强准业主对物业服务的信任度。

（2）高水准的服务规划

对未来将要提供的物业服务进行科学、合理的规划，是房产销售卖场物业服务的另一个重要方面。

首先，要突出房产保值、升值的设计规划能力。

房产作为一种典型的不动产、固定资产、高额投资资产，其存续时期非常长，而且，从一个较长的时期来看，其价值将随着时间的推移而逐渐递减，这是不以人的意志为转移、不可逆转的客观价值运行规律。但是，通过一个专业化的物业服务企业对房地产实施长期高品质的服务、维护与保养，将延缓这种价值的递减速度，达到相对保值的作用，甚至可能逆流而上，实现增值的目标。这是物业服务的基本目标。

其次，要突出物业服务在软环境、软服务方面的设计规划能力。

在服务同质化日趋明显的市场环境下，"有特色的，才是有生命力的。"根据企业的特点与不同的服务项目，设计规划适用的、最能发挥自我优势的服务产品。

最后，对房产销售卖场的物业服务管理提出两个关键词：

1. 酒店元素

房产销售卖场，从某种角度可以狭义地定位为"酒店"的服务属性与特质，因此，在服务中需要导入诸多高星级酒店的服务管理特色元素。

现列举如下服务模式以供参考。

1）酒店标准水吧服务，走中西元素融合的道路，无论是阳光套餐、氧吧水吧、咖啡时光、茶歇西点等都追求体贴入微、精雕细刻的高星级酒店服务标准与服务模式。

2）酒店模式前台接待，对于销售大厅前台完全依据高星级酒店大堂的服务管理标准。实行"标准标配"管理，物品摆放依据配置标准位置放置，同时要求，多一件不可，少一件不行。服务现场的标配管理、服务实施的限时管理等，这些服务管理模式完全是源于传统的高星级酒店的管理标准。

3）突出特色服务内容，着重导入专门设计的特色服务。例如，引领服务。当外来客人在公共区域的任何一个地方，面对任何一个员工询问目的地时，不能回答"从这朝……走""在第……层"等类似的答案。回答只有一个："请您跟我来"。这一点，对任何一名员工、任何一个管理者的要求都是一样严格，尤其是前台接待人员。这也是物业服务的增值服务模式之一。

4）设置物业服务人员、外来服务人员专用通道，内部物业服务人员及外部提供服务、送货、快递、快餐、装修等人员一律使用专用通道，不得与客同行一条通道。融安全管理与尊崇服务为一体。

5）各方面实行"零干扰服务"模式，尽可能不对房产销售人员、客户正常的工作秩序及销售环境产生任何可能的干扰与影响。例如，秩序维护楼宇内巡视一律使用耳机等。

6）室内空气污染，尤其是装修后的有害气体污染对人体的健康危害极大，这一点是房产销售卖场的突出问题之一，因此，需要建立严密的空气质量管理体系，重点监测甲醛与苯系物的污染。

7）特别的关爱给特别的你；对有哺乳需求的妈妈设置专门的"妈妈屋"；为小朋友设置专门的"儿童乐园"；特殊天气（如雨、雪）提供雨伞借用服务；对于存在异味的区域，尤其是室内，提供菠萝除异味服务等。

2. 五位一体

"职责+制度+流程+表单+方案"的五位一体物业服务管理模式为基础，

力求"零缺陷""无缝隙"专业化物业服务管理。

就是以职责为基础、制度为标准、表单为依据、流程为指引、方案为手段,最终实现"人人有职责、事事有制度、执行有表单、办事有流程、工作有方案"的过程管理工具。

五、高档别墅物业服务的设计规划

别墅,以其神秘典雅的建筑外观、奢华亮丽的装修装饰、自然和谐的庭院环境、独具匠心的人文品位,一直以来,都作为极致生活、卓越人生的象征。它是美学与建筑学的精巧组合,是自然与文化的精致融合,而对于物业服务而言,它更是现代服务理念与高端服务产品最精彩的完美结合。

别墅区个体楼宇不高,容积率非常低,同时自然环境优美、人文环境雅致,居住与生活的舒适度远远高于普通住宅,因此,其物业服务的规划设计明显有别于其他业态。

首先,进行服务对象特性分析。

作为都市一种越来越具代表性的居住类物业业态,别墅的居住群体具有鲜明的特点。

别墅区寸土寸金,因此,园区内居住的群体通常属高收入者。别墅区居住群体的文化修养、个人素质以及社会地位相对较高。在一线城市,如北京、上海等地,别墅区内租赁者较多,而且多为国外政府要员、外交官员、国际化公司的高层管理者。

针对上述特点,对于别墅区的物业服务管理,应根据其外在与内在的特性,采取特殊的物业服务管理理念、方法与手段,以实现业主高层次的享受,物业高品质的服务。

其次,我们来看具体的物业服务设计规划。

别墅以其特殊的服务对象及特殊的服务需求,决定了此类物业业态服务管理的设计规划,概括为两点:"专业环境服务,贴身贴心服务"。

(一)专业环境服务

别墅物业的清洁绿化等环境服务的专业技术要求非常高。

别墅建造、装饰装修材料造价昂贵,大理石是使用非常普遍的石材用料,连汉白玉都已经司空见惯,此外,高档地毯的清洗也离不开专业的清洁技术与设备等。由此可见，别墅区物业服务项目没有专业清洁养护专业技术，不可能达到服务标准，实现服务目标。

别墅区的绿化面积所占比例，以及绝对面积通常很大，而且乔木、灌木、花卉、草坪、萝藤等绿化植物档次相对较高。绿化面积、品种、水平从某种意义上讲，标志着别墅区本身及物业服务的品质与水准。档次越高的植物，其生长发育对环境，特别是技术的要求就越高。因此，高水准、专业化的园林规划与绿化种植养护技术也是别墅物业服务必不可少的要求。

此外，别墅的各类配套、超值服务设施的标准都远远高于普通居住型物业，专业化程度要求都很细、很高。例如，水道、水池、喷泉等水系的维护，甚至于要通晓养鱼的技术；高尔夫球场、网球场等健身设备器材的养护，甚至于要擅长儿童娱乐电子器材的维修；中餐、西餐、茶点、冷饮等商业会所的要求，甚至于要精通茶道、咖啡配制等。

（二）"贴身""贴心"服务

业内所倡导的"管家式"服务是最直接的体现。

1. "贴身"：近距离服务

别墅区居住的人群由于其自身收入水平较高，非常注重生活品质，同时居住及院落面积较大等特性，很少有人会自行打理自有单元的清洁、绿化等琐碎事务，通常需要物业提供此类服务，而且要求与标准非常高，当然，支付的费用标准也会很高。前提是物业的入室清洁与绿化养护服务水平让那些愿意支付此类高额费用的挑剔业主心甘情愿，甚至是心悦诚服。

由于别墅区基本上都位于相对比较偏远的区域，远离繁华的都市，因此周边的配套服务娱乐设施通常不是十分齐全。同时，居住在别墅区的居民对生活品质的要求又非常高，要合理解决这一矛盾，就要求别墅区内部的此类配套设施相对完善。如多功能的商业会所，就是一个很好的解决方案。在商业会所中，特色餐厅、茶舍、咖啡时光、娱乐设施是必不可少的，而讲求健康阳光的现代健身设施，如游泳池、网球场、羽毛球场、健身房，甚至小型高尔夫球场等通常会受到别墅区业主的特别青睐。但要特别提醒的是，尽管经营此类商业会所已经在别墅区物业服务经营中司空见惯，但真正成功的并不多，关键问题在于没有按照"业主的第二会客室""业主的私人会所"的理念设计与经营。

举一个例子，有一个别墅区商业会所的餐厅，装饰装修非常考究，菜品也算不错，但光顾者大多数是外来人员，对于讲求私密性、舒适性、尊崇感的别墅区业主自然就不会光顾了。

关于"贴身"的近距离服务，除了这里举的小例子外，还有很多，具体采取什么样的方式、手段与表现形式其实并不重要，只要把握住一点：稀缺性、排他性与舒适感，是决定别墅区高端物业服务的基本出发点。

2. "贴心"：用心去服务

以秩序维护服务为例。

别墅区安全系数一般远远高于普通住宅物业项目，而且公共环境优美、开阔，很适合孩子们进行户外游戏、娱乐。但同时，园区面积较大，车辆道路条件较好，非常不利于车辆的现场、即时管理。因此，交通限速管理是安全服务中的一项重要工作，要求管理非常到位，除对进出车辆要细心周到提示外，在孩子户外活动的高峰期及车辆进出的主要通道要加大巡视的频率。

如果在保安员直接控制或视线范围内，设置一些新颖、独特的儿童娱乐场所与设施，吸引孩子们集中在此区域内自由玩耍，则有利于保安员进行安全服务，很大程度上能有效降低危险发生的概率。为了避免孩子们由于长期性、固定性原因，对这些设施失去兴趣，可采取不同物业项目间循环调整、调换使用的方法解决，不断增加这些设备设施的新鲜感。

别墅区内绿化、养护也要凸现"贴心"的服务。

对于业主生活习惯要把握得细致周到，什么时候出门、什么时候在院落内休闲等，可以将浇水、修剪，特别是施肥的时间进行适当调整，尽量避开业主上述活动的常规时间，有可能的情况下，在实施大面积种植或养护活动时，尽量选择他们长时间出行的时间实施，以免给业主带来不便。当远行的业主疲惫不堪回到家的第一刻，在感受物业送去温馨、细致服务的同时，还收获了意外的惊喜。

其实这是物业服务行业推行的"无人化服务""零干扰服务"的一种表现形式。此外，特殊清洁养护、地毯清洗、消杀虫控等工作都可采用此方式。

下面，列举几个别墅区物业服务细节关注的视角，以供参考借鉴。

1）外籍租赁居住者较多的物业项目，对服务人员的招聘、培训等方面要侧重于外语水平的要求。

2）别墅区的物业服务特别讲求私密性管理，必须绝对禁止外来人员私自进入,这是别墅区业主尤其关注的一点。不仅是为了安全,更主要是体现绝对的自我空间。

3)环境设计要考虑不断变化、推陈出新,如花卉种植要有差异性,不同的季节种植不同的短期花卉,让业主明显地发现不同的时期,不同的环境,产生不同的感受。

4)为避免车辆进出时喇叭声对业主的干扰,可加装电子扫描门禁系统,自动进行车辆身份识别。这样自动、快捷、方便,品位高。

5)园区内水池中喂养的观赏鱼类,定期在不同物业服务项目间进行替换,以增加业主视觉的新鲜感。

6)对业主进行姓氏称呼(其实这也是一种尊崇服务)。

7)在送餐服务中,对配送的一次性餐具采用不同颜色便于使用者区分;对游泳池、健身娱乐服务中提供的一次性用具(如拖鞋、毛巾等)也可采用此种细节关注的方法。

8)在公共区域的明显位置加装紧急救助按钮,便于业主紧急时刻、随时随地请求救助。

9)对老弱病残孕等人员提供特殊安保服务等。

细微之处现真情。物业的细节服务,用一句话表述,就是"润物细无声"。

六、普通住宅物业服务的设计规划

普通居住型物业,通常被业内认为是价格最低廉、服务最简单、内容最单调的物业服务业态,因此,也最容易被物业服务企业所轻视和忽视。尤其是市场中公认、备受推崇的品牌物业公司,甚至不愿接管服务这类大众化、居民化,特别是薄利、费神又烦琐的普通多层住宅型物业服务项目。

但是,这类物业服务业态毕竟是目前服务面积最大,市场份额最重,最贴近寻常百姓生活的大众化服务业态,不应该被市场所丢弃。

普通居住型物业服务项目,由于其紧密联系广大普通居民与业主的生活百态,可以说与各种生活细节休戚相关,水乳交融,因此,也具有其他业态无可比拟的特殊市场口碑传播效应。这种效应不容小视,其损或誉的作用都是巨大的。要保持这类业态在物业服务市场中强劲的生命力,物业服务企业必须充分运用这种得天独厚的资源条件,作为企业品牌效应建立的最有力武器。

要保持普通居住型物业服务的强劲市场生命力，应从"突出前期介入，彰显社区文化"两个方面入手。

（一）突出前期介入

普通居住型物业服务管理前期介入具有以下5个方面重要的作用：

1)"优化"，通过物业服务管理的前期介入，有利于从满足日后业主实际使用的角度，优化与完善物业公共部位、配套设施以及相关场地的设计与使用功能。

2)"保障"，通过物业服务管理的前期介入，有利于从建立多一重质量保障方面，保证与提高物业本体的工程施工建造质量。

3)"熟悉"，通过物业服务管理的前期介入，有利于在实施物业承接查验前，预先熟悉并了解物业的实际情况，提高日后物业服务管理工作的效率与品质。

4)"增效"，通过物业服务管理的前期介入，有利于从增强物业使用功能的系统与完善方面，促进房地产开发建设的经济效益与社会效益。

5)"提前"，通过物业服务管理的前期介入，有利于物业服务企业能够提前熟悉相关设备设施状况，为后期的物业服务管理做好基础资料与专业技术的准备。

物业服务企业对物业开发建设的前期介入，随着物业科技、智能化的发展而日显重要。后期物业维护、维修技术人员提前进行不动产机电设备系统性能、原理、操作的熟悉与了解；确保不动产在开发建设结束交付时，工程缺陷降至最低；充分发挥物业服务效能，降低物业服务管理成本；最终使物业服务成为不动产价值保值、增值的有效手段，普通居住型物业服务的早期介入将发挥越来越重要的作用。

（二）彰显社区文化

文化作为人类社会中古老的历史与文明，随着社会历史阶段、社会意识形态、社会价值观的发展与进步，一直在不断演绎着精神先驱的角色，这个演绎的过程随着一次次的凤凰涅槃而炼狱重生。物业社区文化作为当今社会文化的重要组成部分，作为一种纯粹的社会价值表现形式，也在发挥着改造社会文化、提升社会文化的历史使命。

物业社区文化是一种精神体系，也是一种社会功能体系。它给予社会人以精神支撑，为社会人提供了行为价值标准与道德规范原则，使人在正确的荣辱善恶标准中有所趋避，鼓励、升华、塑造与制约。

物业社区文化不单纯指那些娱乐性的社区群众文化活动，尽管这是最普遍的演绎形式。而是在活动中对社区群体发生精神、价值观的影响与导航作用，引导社区的所有成员共同营造一种高尚的文化氛围与精神格调，最终形成一个积极、健康、阳光的生活习惯、道德趋向与行为方式。

普通居住型物业文化服务应把握以下6个原则：

1. 增值服务原则

物业服务中增值服务是物业服务最高的境界。社区文化服务对于策划者、组织者、实施者而言，就是为业主、社区居民提供的一种特殊的增值服务，因此，不能以盈利为目的，只能定义在文化服务的范畴内。现实中，有的物业服务企业为了降低成本费用，在社区文化活动中引入各种外部赞助商。但是，殊不知在外部赞助商的介入下，浓烈的商业气味会引起社区人士的普遍反感，甚至于质疑物业服务企业的初衷。

2. 身心服务原则

身体与心理是人类两大健康源泉。现代城市居民在满足衣食住行的基本生活需求外，越来越注重精神层面的满足，这一点从房屋的功能变化来看就能够得到充分的证实。今天的房屋已经从居住基础到投资手段，进而发展成为最重要的生活品质保障。因此，从某种意义上讲，物业服务中的社区文化服务也是物业服务企业的一种精神投资、感情投资。

活动具体策划设计方面，在关注不同服务需求的前提下，要充分体现特点、特色，通过创新展现物业服务企业文化服务的专业性与文化功底。

3. 引导服务原则

引导社区群体自主、自愿、自觉参加，策划设计时要格外注重社区群体的参与度。如果社区文化活动得不到有效的响应与参与，那就失去了组织实施的意义，有可能适得其反，成为"花钱赚吆喝"。而这种吆喝逐渐会被人们所轻视。

一定要把社区群体作为规划设计的主体，通过兴趣与兴奋点捕捉，最大限度地调动他们的参与热情。具体策划时，应根据服务项目的档次、品质、规模以及社区群体的特点，结合不同的时令、时节；有的可以采用娱乐性较强的形式，有的则可以突出文化品位，或以教育宣传形式为主，有的可以突出康体健身或家庭化体育竞技。

4. 推动管理原则

对社区内居住群体而言，可以通过针对性的社区文化服务活动，凸显一个"家"字，从而增强社区居民对自己社区发自内心的归属感与责任感，这对于物业服务企业的日常规范化管理，具有任何手段措施都无法比拟的作用。如能实现"最好的管理就是不需要管理"的社区管理效果，那就是最理想的结果。

另一方面，对于物业服务的员工而言，一种高品位、高品质的社区文化活动会增强物业服务企业员工的服务社区自豪感与企业自豪感。

5. 计划性强原则

物业社区文化活动计划一定要提前制订，并且一旦确定，决不能朝令夕改。甚至要逐渐形成社区的特有、固定模式，产生出一些优秀的、广为接受的传统项目，成为业主的一种强烈的心理期待，以便于增强业主对活动、对物业服务企业的信任度与忠诚度。

对于计划的执行要充分考虑到各个方面的细节。例如，紧扣主题、方案具体、流程严密、资源充分、预算准确、预案完备、人员及设备落实等，尤其是管理者、组织者，既要关注计划的制订，更要关注计划的执行过程，做到有的放矢、有条不紊。

6. 文化融合原则

走进一个社区，从它特有的环境、视觉、行为等文化品位就能够判断出物业服务企业的品牌，这对于一个物业服务企业而言不仅是一种巨大的成功，更能体现出独特的管理水平与超凡脱俗的服务境界。这种效果通过扩散效应能够广泛提高物业服务的社会品牌知名度与赞誉值。

让物业服务企业的服务文化与社区文化充分渗透、水乳交融是物业服务企业设计、规划、实施社区文化的品牌建设目标；让物业服务企业最终成为社区优秀文化的引导者、规划者、领航人。

七、科技园区物业服务的设计规划

北京中关村科技环保园华为科技园区，系科技研发、行政管理、产品会展为一体的综合性物业服务管理项目，也是目前中国乃至世界范围内管理面积较大、管理标准较高,最具代表性的科技园区。

该科技园区物业服务管理在这类业态中具有典型的示范效应。

这类单一业主、物业服务对象人数众多、综合性较强、特殊的科技园区物业服务管理业态,其物业服务管理需求在近几年表现出了强劲的增长趋势。

现结合北京中关村科技环保园华为科技园区,这一国内、国际上颇具代表性的物业服务管理项目,介绍科技园区物业服务管理的设计规划。

首先,进行服务对象特性分析。

科技园区物业服务管理项目的服务对象,从内涵与外延的不同定位分为两部分。

从广义上讲,一部分是业主,即科技园区的所有者,通常为一个企业。

从狭义上讲,另一部分是服务对象,即科技园区内需要提供服务的人员。

先看广义的服务对象——企业。这类科技研发企业具有其独特的服务管理要求,如绝对保障科技信息安全等。

再看狭义的服务对象,个人。科技研发群体具有独特的思维模式,开放、固执、绝对、独立。

在实施服务的过程中,注意把握一点:当两者的利益发生冲突的时候,以保障企业的利益为前提。

其次,我们来看具体的物业服务设计规划。

科技园区物业服务管理结合业态特质与服务对象的特性,其服务管理的设计规划,概括为两点:"保障信息安全,满足双重需求"。

(一)保障信息安全

以华为科技园区项目为例。

华为公司是作为全球领先的信息与通信解决方案供应商,其三大业务群及产品覆盖全世界范围内的智能手机、移动宽带与家庭终端等领域。作为这样一个处于全世界领先地位的,高科技领域的 IT 企业,具有其独特的物业服务管理需求。

华为科技园区作为华为公司在北京的研发、行政、会展园区,其重要性不言而喻。其中一个最突出的特点是研发部门实验室非常多,因此,信息安全级别要求非常高。

对于信息的安全管理,物业服务管理方采取的是格式化服务管理模式,尤其突出的是过程的流程格式化服务管理，任何服务或行为首先要符合华为企业内的信息安全管理与国家、国际信息安全管理的标准与流程。

例如，华为科技园区服务区域的所有电脑不能有插 U 盘等外接设备的接口，不能与外网连接，主机不能拆除。园区内不能使用带有照相、摄像功能的手机及其他设备；任何电子设备只能在研发楼宇门口暂存，不能带入研发区域；华为行政电子流审批之外的物品绝对严禁出入。此外，还有特殊的垃圾回收管理流程，即使是一张纸，未经严格的流程审批也不能随意丢弃等。

针对服务对象的以上特性，物业服务管理的实施过程中要设计、制定与严格执行专门、专业的信息安全管理流程。

（二）满足双重需求

第一重满足，也是需要首先满足的需求，是满足企业的需求。

举一个例子，华为科技园区具有一个特点：社会活动频繁且活动的级别通常非常高，政府官员、国外团体、社会媒体、研发机构的到访及华为本身的各类活动连续不断。这对于物业服务方的接待支持能力提出了更高、更专业的要求。

活动支持服务工作中重点体现在事前准备方面，以下是物业服务管理中社会活动支持的"六"确定。

1）事前确定华为公司活动的具体接口人，以便尽早安排活动支持计划并与活动支持方充分沟通，事前得到有效确认。

2）事前确定活动具体的日期、时间以及人员数量等信息，以便提前安排具体的工程维护、安全保障以及专项清洁计划。

3）事前确定参观及活动的具体行进路线，以便提前安排沿途安全保障方案及其他支持方案，如电梯提前 30min 实施专控；停车区域提前清场并安置标识牌等，并对相关方案提前实施演练。

4）事前确定进入园区的具体方式、进入路线，车辆停放的地点、车牌号码、数量、是否为自有车辆，以便畅通、有序通行，事前预留车位等。

5）事前确定会议座谈的具体安排，以便具体安排会议期间的服务支持计划。

6）事前确定内外部施工搭建的方案与计划，落实条幅水牌等物料的安装工程，除协助安装、清洁外，还需要注意关注天气状况，做好各类应急预案的实现演练。

第二重满足，满足个人的需求。

华为科技园区内各类人员数量非常多（2010年2200人，2011年6500人，2013年将达到8000人）。这一庞大群体由中外、国内各省份、各类专业人员组成。加之其工作的特性，物业服务企业要采取明显有别于其他业态的物业服务管理方法与手段，尽可能满足华为各职能员工的各类需求。

例如，华为公司的工作采取完全弹性工作制，没有严格意义上的上下班时间；每月最后一个周末是"义务加班日"诉求明显高于平时；午休对于强脑力工作者异常重要；工作人员基本年轻化，思想意识跳跃性强，不愿意接受格式化服务管理模式，讲求逻辑、因果、流程；IT行业的业务特性之一是工作期间不能轻易打扰，以免打断其思维等。针对这种特殊的物业对象，必须以最大限度满足个性化服务为软性物业服务的设计规划出发点。

最后，对科技园区的物业服务管理提出两个关键词：

1. 适应特性

这类科技园区物业服务管理的突出特点之一，是既要适应企业的特性，又要适应个体的特性，并将两者的特性恰当地结合起来。因为如果只适应企业特性，而忽略个人特性，必然会降低个体对物业服务的满意度，而妨碍服务企业的总体发展目标；同时，如果只适应个人特性，而忽略企业特性，则会出现服务管理方向的根本偏差。

2. 质量对等

这类高端化、科技化、规模化、系统化的世界知名企业的管理标准普遍很高，通常都是与国际化企业标准接轨的，如EHS管理体系已经是再平常不过的质量管理基本体系了。作为对其提供物业服务的企业，对自身的管理水平与管理能力相应提出了与之相符的要求。如果你不能准确、系统地融入服务对象的相关运行管理体系中，那么你不可能成为这类企业合格的物业服务供应商。

八、高校物业服务的设计规划

高等教育学校，是提供国民高等教育和相关教学与科学研究的重要场所。

近年来高校的管理方都在考虑一个问题，如何从纷繁复杂的校园日常管理中摆脱出来，将宝贵的时间与精力用于教学与研究。北京大学，包括一些民营高校如中国人文大学等也开始以导入物业管理社会化的方式进行了这方面的尝试，由此，高校物业服务管理成为一种全新的业态走入物业服务市场。

首先，进行服务对象特性分析。

高校，是一种特殊的物业服务业态，这种特殊性就体现在其服务对象的特殊性。高校的物业服务对象主要是两个方面，校方与学生，这就决定了其物业服务管理的模式、手段完全不同于任何一种社会型物业服务业态。

其次，我们来看具体的物业服务设计规划。

高校与其他生产经营型的物业服务业态具有明显的差别，其设计与规划可概括为两点："代行管理职能，服务全面覆盖"。

（一）代行管理职能

高校对物业服务的需求，很大程度上表现为代表校方实施管理，主要是对学生进行规章制度的约束性管理。这一点将在其服务管理的运行中具体体现。

（二）服务全面覆盖

高校物业服务最大的特点就是服务会覆盖到许多方面，同时，服务与管理密切结合。

1. 衣

高校的物业服务中，通常需要提供校服洗涤这项特约服务。但不同于高档写字楼中此项服务要求标准高的特点，高校校服的洗涤一般来说档次要求无须太高，只要能达到正常的整洁效果就可以了，而且要结合高校学生的学习与生活特点，在此项服务中增加小缝补、钉纽扣等增值服务。

2. 食

高校的膳食服务是服务的重要内容之一，突出表现在学生与教职员工食堂的服务与管理方面。

在高校的膳食服务管理中，首先需要高度重视食品安全管理问题。高校学生每餐就餐人员数量巨大，一旦发生食品安全问题，其负面影响是无法估量的。

其次，需要关注膳食营养问题。要结合高校学生与教职员工的特点，制订科学合理的膳食营养计划。例如，早餐从多摄食奶制品角度入手；膳食设计充分考虑帮助学生纠正偏食、挑食、过多吃零食的不良习惯，建立合理膳食结构，保证综合营养平衡。

此外，对于膳食服务要定位于薄利、服务的原则，不可以此为物业服务的主要盈利点。

3. 住

关于住宿管理,主要在于教职员工的居住区管理与学生宿舍管理两个方面。

对于教职员工的居住区管理可参照普通住宅物业服务管理的方式方法进行。而对于学生宿舍管理要突出"安全""纪律""节能"3个方面。

(1)"安全"管理

高校的安全管理包括消防安全、用电安全、住宿安全等。

消防安全管理中重点是消防安全通道。学生不得将衣服晾晒在楼道,其他物品不得放在楼道和楼梯通道;禁止随意移动、动用、损坏消防器材或其他安全设施。

用电安全管理中禁止私拉电线、网线,严禁在宿舍内使用大功率电器(如电吹风、热得快、头发夹板、电饭煲、电炉等);严禁使用明火器具,如酒精炉、蜡烛、煤气灶等。

住宿安全包括以下方面:

1)男、女学生分楼、分层住宿,未经允许均不准异性及其他人员入内及留宿。

2)严格管理各宿舍楼早开门、晚锁门制度,晚归者如实登记并报校方处理。

3)学生不得将宿舍钥匙转交他人,不得带他人入宿舍就宿,亲友来访必须履行登记手续,经同意后方可进楼。

4)加强安全防盗意识,大额现金存入银行,并妥善保管好日常个人的贵重物品。

(2)"纪律"管理

高校的纪律管理主要包括以下方面:

1)必须按校方分配的房号及床号入住,未经同意,不得擅自调换。

2)学生毕业或中途休学、退学,必须办理退房手续,退还房间钥匙,不得擅自搬离属于学生宿舍的公用物件。

3)维护公共秩序,保持宿舍安静,严禁在宿舍内酗酒、赌博、打架、斗殴、高声喧哗、打闹起哄、狂呼乱叫、踢球、拍球、吹拉弹唱等影响他人学习和休息。

4）在学生宿舍内不搞封建迷信，不观看、传播反动淫秽书刊和声像制品。

5）爱护宿舍设施，要用心使用配给宿舍内的公物，遗失损坏要照价赔偿。

6）禁止在宿舍内张贴、散发关于招聘、商品买卖的小广告，不得将商贩引入宿舍进行交易，不得在宿舍内从事经商活动以及其他以营利为目的的活动。

7）禁止在宿舍饲养宠物。

（3）"节能"管理

高校的"节能"管理主要是要求节约水电、严禁宿舍内开长明灯、水龙头开长流水。

4. 行

这主要是指学校日常班车管理与校区内车辆管理两个方面。

关于校车管理要严格遵循 2012 年 4 月 5 日国务院发布的《校车安全管理条例》，突出安全管理。而校区内车辆的管理，同样需要注重安全问题，对于雨雪天气防滑、交通安全标识、车辆限速管理等方面丝毫不能松懈。

此外，在寒暑假还要为学生提供票务服务。

5. 娱

在大学学习期间，高校学生最喜爱的就是娱乐文体活动，物业服务要具备组织、实施健康、有趣的文体娱乐活动的能力。这也是加强与学生互动交流，增加服务管理辅助效能的重要途径之一。

但是，在实施过程中，同样需要格外关注安全问题。

最后，对高校的物业服务管理提出两个关键词：

1. 注重安全

关于安全的问题，在以上各个服务管理方面都做了详细介绍，这里不再表述其重要性。

2. 趣味管理

由于高校物业服务的对象主要是年轻的学生，因此，在实施管理的过程中，要突出一点，融入一些趣味性元素，减少抵触，让管理能够更加流畅。

例如，消防演习。为了增加学生的参与度与积极性，可以事先设计一些卡通的宣传条幅、宣传海报，增加学生的兴趣，实施过程中可以采取知识问答、消防装备展示，试穿战斗服等多种方式结合使用。

再如环境管理中，为了制止学生采摘花草，不要使用传统的"禁止采摘"

提示牌，而是导入知识性、趣味性元素，用"讲故事"的方式，让严肃、单调的管理变得生机盎然。

以下选取几种鲜花，对"讲故事"进行举例说明：

蝴蝶兰——到底是花丛中的蝴蝶，还是蝴蝶中的花朵，没有人知道。但是，花儿知道，它是美丽芬芳的花朵；蝴蝶知道，它是翩翩起舞的蝴蝶。

太阳花——它是花丛中的太阳仙子，带来阳光、驱散阴霾；带来温暖，送走寒冬。它照亮了世界，照亮了别人，同时也照亮了自己。

仙客来——就像天外来客，它婀娜多姿，翩翩摇曳到了人间。让那些凡间男子们不由地心中一动？难道真的是七仙女下落凡间？

含羞草——不是每句话都会对你说出口，它蒙住眼睛，缩起身躯，用敏感但又多情的心传递着深藏在心底的那句特殊的话语：你懂的……

月季——它不像牡丹般富贵，没有玫瑰般娇艳，但是，每个月它都会向所有需要快乐的人，露出它平实、质朴、温存、暖暖的笑容。

杜鹃——"闲折两枝持在手，细看不似人间有。花中此物似西施，芙蓉芍药皆嫫母。"多情的白居易，多情的杜鹃花。

紫藤——望着夜空俏皮眨眼的星辰，它不停地向上攀登："我要把你从云朵中采下，我要摘去你神秘莫测的面纱。"

文竹——虽然纤弱但不失秀丽，尽管婉约但散发风情；它是淡雅、清秀的少女，不轻易吐露真情，但风轻云淡间自有其迷人的文静。

春兰——它带着高山溪流的灵气，从原野间款款走来，散发着沁人心脾的清香，好似早春那润物无声的细雨。

虎皮兰——手持三尺宝剑，抵御世间邪魔。韵味十足的春兰与其情意缠绵时，不禁让人想起这样一句诗"美人如玉剑如虹"。

君子兰——花中君子，"君子之交淡若水，小人之交甘若醴；君子淡以亲，小人甘以绝"。